TEANGA NA GCORR

e;
eanchai
shuaimheach

Teanga na gCorr

Cathal Ó Searcaigh

ARLEN
HOUSE

Teanga na gCorr

Foilsithe in 2018 ag
Arlen House
42 Grange Abbey Road
Baldoyle
Dublin 13
Éire
Fón: 00 353 86 8360236
Ríomhphost: arlenhouse@gmail.com

Dáileoirí idirnáisiúnta
Syracuse University Press
621 Skytop Road, Suite 110
Syracuse, NY 13244–5290
Fón: 315–443–5534/Facs: 315–443–5545
Ríomhphost: supress@syr.edu

978–1–85132–176–6, crua
978–1–85132–177–3, bog

Íomhánna: Gearóid Ó Maonaigh agus An Gailearaí

Eagarthóir: Seosamh Mac Muirí

Clóchur: Arlen House

Tá Arlen House buíoch de Chlár na Leabhar Gaeilge agus d'Fhoras na Gaeilge

Foras na Gaeilge

Clár

1: Teanga na gCorr

13 An Focal Corr
14 Éan Corr
24 Corrfhís
25 Teanga na gCorr
27 Corrghaol
28 Corrdhánta
30 Amhrán na gCorr

II: Ag Ealaín Liom Féin

35 Ag Ealaín Liom Féin

III: Ag Guí chun na Gealaí

69 An Garradh Beag
70 An Buachaill Caol Dubh
71 *Amour*
72 Mínte Ciúine na gCeannabhán
74 Casement
75 Deireadh Ré
76 Do Chris Hatfield: Spásaire
78 An Chuach
79 Ag Guí chun na Gealaí
81 Fáilte an Aingil
83 An Bláth a Cuireadh ar Triail
85 Orpheus na gCnoc
87 Cogar Rúin
95 I nGleann na nÉan, Agadair, Morocco
96 Adhradh na nDúl

99 *Rún Buíochais*
100 *Faoin Údar*

Do mo chara
Elbachir Addi
an leabhar seo

Like the grass, I have sprouted a hundred times
– Rumi

I

TEANGA NA GCORR

do Lorcán Ó Tuathail

An Focal Corr

A fhocail bhig chorr
atá lomlán de bhrí
bhorr tú mo shamhlaíocht
le do chuid tíolacthaí.

Seo mé ar mo chorr
ag déanamh suáilce
i do thaisce, a stór;
i raon do thuigse,

I do ghluais gaoise
atá fairsing agus fial
is a théann ó chorr go corr
is ó chiall go ciall,

Crane, heron, stork,
hollow, rounded, odd,
curved, pointed, edge.
Is níl ansin ach nod!

Tchím nach bhfuil ateanga
ach ag déanamh éagóra
ar a bhfuil cnuasaithe ionat
de thuigsintí corra.

A fhocail bhig chorr
bhí tú ariamh suaithní.
As sin a thig mo dháimh leat
óir tá mé féin amhlaidh.

Éan Corr

1

I lom an gheimhridh
is an solas ag gabháil as
go luath, amanta

Cuireann corr mhóna
spréach thine sa tráthnóna
lena scréach lasánta

2

Lí an tsionnaigh
i bportaigh
ruadhonna an gheimhridh

An tráthnóna
ar dhealramh liath
an chorr mhóna

3

I gCorr an Fhearta
is an ghrian ag gabháil faoi
go marbhánta

Seasann sí sa tsruth
a muineál sínte aici
chun na síoraíochta

4

Sna tulacha corra
siar ó Altán
fliuchaim m'éadan

in uisce coire
is cluinim i gcogar
teanga rúnda na gcorr

5

Ina seasamh
cos ligthe
sa tsruth

A dealramh
níos gile
ná a cruth

6

Bailte beaga
uaigneacha
na mbunchnoc

Corrsholas
ag taibhsiú
i gCaiseal na gCorr

7

Ina staic
lom chorrchnámhach
ar aghaidh na toinne

Fear raice
a shúile gortacha
ar éadáil na cruinne

8

Corrlá
sa tsaol chorrach
ina mairimid

Tuirlingíonn
grásta éigin
anaithnid

9

Oíche fearthainne
tá meirg ar fháinne
órbhuí na gealaí

Éistim leis na corra
ag slupairt sa tSeascann –
Tá deireadh lenár gcumann

10

Le meas ar ghlas is le dea-bhéas
cuirim pór agus síol san earrach
i gCuibhreann na gCorr

In ainneoin bhuaireamh an tsaoil
cha dtig liom an domhan glasghnéitheach seo
a mhóradh go leor

Corrfhís

Amanta tig cogarnach
chugam ó chríocha imchiana
na cuimhne, cantaireacht

shollúnta ó ghlúnta úd
na rún, céadbhunadh
ár gcine a thug adhradh

agus altú do na corra;
d'ealta ghealbhruthach an cheana,
d'éanlaith na mistéire.

I bhfad roimh Chríost
is a shoiscéal céasta
bhí sé i réim, béaschreideamh

aoibhneasach na gcorr
agus é ag spréadh a ré glé
sna cúig céadfaí corpartha.

Anocht tugaim cluas éisteachta
do chogarnach seo
an tseanreachta, do ghlórtha

rúndiamhra na gcorr
a chuireann eiteoga faoi mo chéadfaí
agus dealramh úr i mo dhearcadh.

Teanga na gCorr

Dálta na gcorr féin
a d'imigh in éag
i gCaiseal na gCorr agus i gCorr na Séad,

níor fhan gin chlainne
beo ag éinne
de mhaithe deiridh is de shaoithe

na gaoisteanga ársa.
Cuireadh an ealaín dhubh ina leith agus drúis.
Daoradh iad chun báis.

Aos eagna seo na saíochta
is an ársaíocht chainte
a tháinig chucu ó chéadghlaoch

na nDéithe; aibítir an eolais,
friotal an tsolais,
gluais úrghlas uasal an fheasa!

Anois tá a bhforais scriosta,
a gcórais intinne
curtha faoi chois, a bhfírinne

séanta, crosta, curtha
ó mheas is ó mhaitheas
ag réimeas úr deasghnáthais.

Ach in ainneoin a bhfuair sí
de mhasla is de dhua
maireann fós cuid di, buafhocal

éigin ceilte i rúnscríbhinn,
siolla ríoga séisbhinn,
corrfhocal tromchiallach, diaga.

Is cé go bhfuil sí imithe in éag
cluinim a glór go fóill
i gCaiseal na gCorr agus i gCorr na Séad.

Corrghaol

Bhí dáimh i dtólamh
ag mo bhunadh leat.
D'ainmnigh siad a mbailte
agus a dtailte asat.

I gCaiseal na gCorr,
ar an Chorr Mhín,
i gCorr na bhFál
agus i bPáirc na gCorr.

D'fhág siad séala
do thréithe, do nádúr
aerachtúil agus do mheon
tobann ar mheanma na teanga.

Is nuair a mhothaímse
corrmhéin ionam féin
nó corrbhuais éigin
ag corraí i mo chroí,

níl ann ach go bhfuil mé
'mo chur féin i do chosúlacht
ionas go dtig liom mo racht
a ligean asam le dásacht

a chorr éin ligthe, ghlic.

Corrdhánta

Glaise an earraigh
ag aoibhniú na mbruach –
na corra fós liath

Scréach na gcorr –
i ndúlaíocht an gheimhridh
téann sé go croí ionam

Tuilidh san abhainn –
na corra ag déanamh iontais
dá gcosa fada

Fuiseoga ag ceol –
an chorr mhóna ag éisteacht
lena glór féin

Cleite liath
i mbéal na gaoithe –
a bhfuil fágtha den chorr ghlas

Is fíor go mbím liom féin
i mbaile scoite an tsléibhe
ach ansin tig na corra

Saol corrach –
ar bhruach na habhna
cac na gcorr

An t-earrach
i bPáirc na Giolcaí –
guth na coirre glaise

Amhrán na gCorr

Is iomaí tráthnóna a shiúil muid le chéile
suas cois na habhna go barr deas na mbeann;
na huain óga ag méileach i mínte an tsléibhe
is éanacha beaga na spéire i ngéaga na gcrann.

Is iomaí tráthnóna a chonaic muid an chorr mhóna
ina seasamh go stuama ar bhruach na habhna;
ba sona an radharc í faoi lí dheas na gréine,
a corp is a cleití ar dhealramh na heorna.

Is iomaí tráthnóna a chaith muid go sona
ar bhruach na habhna ag breathnú an tsrutha;
bláth bán na féithle ansiúd ar na beanna
mar *mhanna* ó Neamh ag cumhrú an Ghleanna.

Is shiúil muid, a ghrá, fríd mhínte féaraigh Dé,
fríd chanach bhán an tsléibhe go barr Mhín a' Leá;
bhí sú na hóige ag cuisliú i mboige ár ngéag
is fuiseoga beaga ár bpóg ag ceiliúr go breá.

Uch ní maith liom an tiomna a chuir tusa liom
an tráthnóna úd a scar muid i gCaiseal na gCorr;
bhí na caoirigh i bpionna is mé féin mar an gcéanna
is tusa ag gabháil uaim faoi mhana na ndeor.

Is dona le rá é ach ó d'imigh tú uaim
is annamh 'bhím ag siúl mar ba ghnách linn tráthnóna;
tá m'intinn is mo stuaim faoi chrá ag an ghruaim
is ní sona an lá é ina bhfeicim an chorr mhóna.

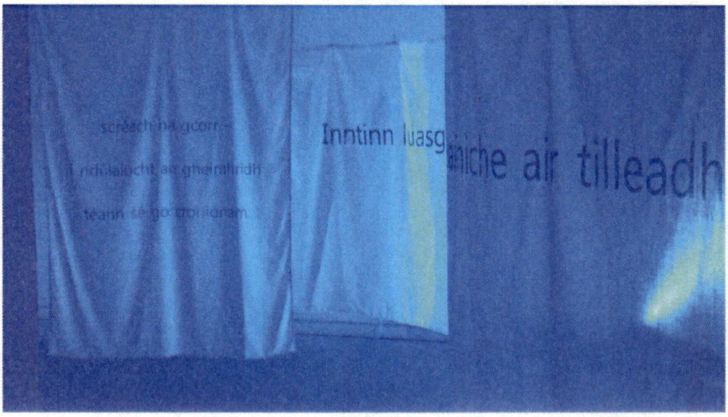
Inntinn luasg
air tilleadh

II

Ag Ealaín Liom Féin

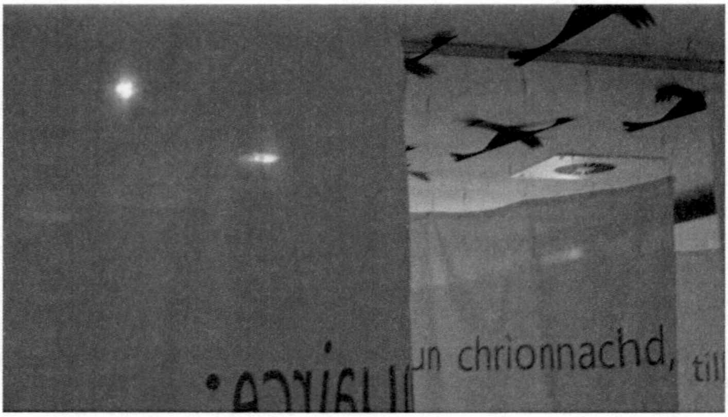
un chrionnachd,

Tá focla ag déanamh meabhráin domhsa le mo chuimhne, a gcló is a gcruth, a mboladh is a mblas.

Thosaigh mé féin ag cur focla i gceann a chéile i bhfad sula raibh aon chiall agam d'fhilíocht. Chuirfinn focla in aithne dá chéile, chothóinn caidreamh eatarthu, d'fhágfainn ag suirí iad lena chéile. Bhí mé ag feidhmiú mar fhear cleamhnais d'fhocla, d'fhéadfá a rá. Ar leibhéal na hinstinne seachas ar leibhéal na hintleachta a tharlaigh an caidreamh seo de ghnáth. Anois agus aríst, saolaíodh as an chúpláil seo patrún fuaime a chuaigh i bhfeidhm ar mo chéadfaí; siollaí a chuir ag gol mé is ag gáirí; abairtí a chuir áthas orm agus alltacht.

Draíocht na fuaime! Bhí canúint na coitiantachta ag labhairt liom ar leibhéal na mistéire. An é a tharlaíonn go dtéann fuaimeanna áirithe i bhfeidhm ar an chóras néaróige, go n-oibríonn siad mar chatailís, go dtionscnaíonn siad gníomhú ceimiceach a athraíonn meabhair agus meon an duine a thig faoina dtionchar?

Fuaim fhogharbhinn an fhocail! Cumhacht an bhriathair! Cibé geasa a bhí acu orm gheit mo chroí le háthas i láthair na bhfocal. Ní iarrfainn de phléisiúr ach a bheith ag déanamh mór leo.

Ní raibh lé ar bith agam an t-am úd le caint theagascach, caint leanúnach. Chuir mé cor bealaigh i gcúrsaí comhréire agus saobhchasadh i gcúrsaí loighce. Níorbh fhearr liom rud ar bith seachas dearcadh na bhfocal i leith a chéile a bhaint as a gcleachtadh. Bhí mé ag fógairt fhéinriail an bhriathair i ngan fhios domh féin. Ní saorvéarsaíocht a bhí uaim de réir cosúlachta ach saorfhoclaíocht.

Yom strom karum num nó
Tun du arú glob glob ó.

Yarum fó eos lubaí carbhgó
serbanum duncó dé saobhró.

Sa teach ar tógadh mise ann bhí tinidh mhór fhoscailte againn – mar a bhí coitianta i dtithe den tseandéanamh sin – agus is minic a chluinfeá siorradh gaoithe ag ochlán sa tsimléir. Bhí mé ag iarraidh cnead agus scréach na gaoithe a cheapadh i bhfuaimvéarsaí. Ní raibh sna dánta seo, má thig leat dánta a thabhairt orthu, ach gleo agus galamaisíocht. Éigse an phleidhce! A leithéid seo:

Fíoraíonn an oíche i bhfiarláin
Is scinneann fuinneoga ina ndealáin
Is ó phróca órloiscthe luaithrigh
Ólaim fuil ruamheirge na gealaí.

Ó ulchabháin ulpógacha na hoíche
Is ó bhadhbhaghríofa na gaoithe
Triallaim amach go clogshoineanta
As doire feá atá doineanta.

Is fágaim ann pósaí de bheophianta
Agus boinn bhána mo mhianta.
Déanaim briochtaí i síbín na samhlaíochta.
Fódaím tamhnach i bhfásach na síoraíochta.

Níl a fhios agam ó thalamh an domhain caidé a bhí á rá agam sa ramás sin. Ach ar uair a chumtha is dóiche gur shíl mé gur ar thairseach na glóire a bhí mé i mo sheasamh is go bhfosclódh doras béil na gaoise romham gan dua.

Tuigim anois, áfach, gur ceann de chúraimí móra na filíochta – brí agus beatha a chur i bhfocla seachas ligean daofa éirí spadánta agus bómánta. *Exploring the Possibilities of Language*, an t-ainm a thug Auden ar an aclú seo.

Dálta an duine é féin, téann focla in aois fosta, cailleann siad lúth na gcnámh, tig laige intinne orthu agus lagar spride. Caithfidh an file suaitheadh coirp a thabhairt daofa, iad a aclú sa dóigh go dtiocfaidh bruth agus borradh aríst ina gcuid fola.

Má tá na focla críon agus creapalta, ní bheidh filíocht ar bith ag cuisliú i bhfriotal an dáin.

Fiafraítear domh cad is ciall le filíocht. Ceist dhoiligh mar go bhfuil an fhilíocht chomh héalaitheach leis an Aonadharcach, chomh seachantach leis an *Yeti*. Anois agus aríst, sílim go bhfuil teacht agam uirthi, go bhfuil ar mo chumas caidreamh a chothú léithe ach díreach is gach rud faoi réir, imíonn sí as mo radharc, cumascann sí le haer an tsaoil macasamhail táibléad ag drithliú i ngloine sula leánn sé, sula súitear isteach san uisce é.

Is doiligh filíocht a sháinniú i sainmhíniú sásúil.

Ach ina ainneoin sin agus uile hinseadh scéal domh uair amháin a thug, dar liom féin, míniú damanta maith ar mhistéir na héigse. Baineann an scéal le Lord Norbury, breitheamh a raibh cúram cúirte air i mBaile Átha Cliath cúpla céad bliain ó shin. Ní thiocfadh liom a chinntiú cé acu atá bunús stairiúil ar bith leis mar scéal nó nach bhfuil. Ach is cuma. Is mar fhabhalscéal a luaim anseo é agus dá bhrí sin is cuma cé acu fíor nó bréagach é mar scéal.

Fear tíoránta go maith a bhí i Norbury agus de réir an scéil a chuala mé is beag ciall a bhí aige féin de chothrom na Féinne. Bhí teangaidh ina bhéal aige a bhí chomh dainséarach le tua búistéara agus í á beartú ag fear buile. Níl riail ná dlí ar a leithéid de theangaidh.

Bhí gadaí os comhair na cúirte aige lá amháin, fear a raibh sé curtha ina leith gur ghoid sé uaireadóir an-luachmhar. Fuarthas ciontach sa choir é agus fágadh faoi Norbury an bhreith a thabhairt. Ghearr sé pionós an bháis ar an ghadaí bhocht agus nuair a bhí sé á dhaoradh, arsa seisean go magúil, '*You made a grab at time, idiot, but you caught eternity*'.

Agus is é a dhálta sin ag an fhilíocht é.

Má dhéantar an bomaite reatha, bomaite na suaithníochta a cheapadh agus a shrianadh, cuirtear an t-am ar ceal agus sealbhaítear an tsíoraíocht.

Cha dtig rialacha dochta a leagan síos do chumadh filíochta. Caithfidh gach file a ghuth féin a aimsiú; a aistear féinaithne féin a dhéanamh, a chosán cinnte féin a chuartú fríd chaschoill an tseachráin chuig bé na héigse. Éilíonn achan dán a fhoirm agus a fhriotal féin. Ní maith an rud a bheith teanntaithe ag seanstruchtúir agus ag seanmhúnlaí atá seargtha leis na cianta ach ag an am chéanna caithfidh an file óg a shúil a chaitheamh siar thar shaíocht filíochta a shinsear. Caithfidh sé a bheith ábalta na múnlaí, na modhanna, na seanmheadarachtaí úd a chur in oiriúint do riachtanais a cháis féin.

Macasamhail na mara, tig an saol isteach i gcalafoirt ár gcéadfaí gach lá dár mbeatha ach is minic agus is rómhinic a dhruidimid béal na bport, is minic a sheachnaímid an long ó Valparaiso. Bíonn eagla orainn teagmháil a dhéanamh leis an tsuaithníocht. Bíonn falsacht orainn ár n-aird a dhíriú ar na lastaí iontacha a sheolann feachtaí an tsaoil chugainn isteach. De réir mar a théimid in aois téann ár gcuid barraí cosanta i dtreise. Amanta gearrtar ar shiúl muid ar fad ó mhuir mhór an iontais agus ansin cha bhíonn ionainn ach murlach; linn mharbh an mhiodamais, gan isteach ionainn ná amach. Dá dtigeadh an mhaighdean mhara í féin chugainn ansin ag súil le muid a mhealladh is a spreagadh ní bhainfeadh sí go fiú léim asainn.

Caithfidh an file a bheith ar a aire in aghaidh sheargadh seo na samhlaíochta.

Caithfidh sé foscailteacht aigne a chothú is a chleachtadh. Caithfidh sé a bheith ina airdeallaí ag fáiltiú roimh bhrí agus neamhbhrí. Ina mheon agus ina mhachnamh caithfidh an file a bheith ina dhúiseacht; a chuid aeróg in airde aige agus é ag éisteacht le fuaimrian na firmiminte, súil amháin aige ar an tsaol seo, súil eile ar an tsíoraíocht.

Fadó bhí banphrionsa ann. Lá amháin samhraidh agus an ghrian ag scoilteadh na gcloch, chuaigh sí ag snámh san Abhainn Mhór a bhí ag rith fá ghiota bheag den chaisleán. Bhí slabhra óir á chaitheamh aici, seoid luachmhar a bhronn a hathair uirthi ar a lá breithe. Sular shiúil sí isteach san uisce chroch sí an slabhra ar chrúca bheag éadaigh. Le linn díthe a bheith á tumadh féin san uisce, tháinig préachán mór dubh agus sciob sé an slabhra ar shiúl leis ina ghob suas chun na spéire. Ach nuair nach bhfuair sé blas ná boladh ar bith air mar bhia lig sé dó titim go talamh. Tharla sé gur ceapadh an slabhra i ngéag crainn a bhí ag fás ar bhruach na habhna.

Nuair a tháinig an ríon óg amach as an uisce agus í á cóiriú féin, ní raibh an slabhra le fáil aici thíos ná thuas. Bhris a gol uirthi, racht truacánta caointe. Cha raibh ciall le cur inti dá mhéad is a bhí sí cráite. Mhionnaigh sí nach mblaisfeadh sí greim bídh go dtabharfaí an slabhra aríst chuici ach ó neamh go lár ní raibh a fhios ag éinne cá ndeachaigh an slabhra. De dhíobháil bídh, bhí an banphrionsa ag meath in aghaidh an lae. Bhí an rí ag gabháil as a chraiceann le himní agus le fearg, rud a d'fhág néal dubh os cionn na ríochta. Bhí daoine á gcúisiú as coir nach ndearna siad ach fós féin ní raibh teacht ag éinne ar an tslabhra.

Tráthnóna amháin tharla sé go raibh buíon fear oibre ag pilleadh abhaile tar éis shaothar an lae. Bhí brothall teasa ann go fóill agus shuigh siad síos faoi scáth na gcrann ar bhruach na habhna lena scríste a ligean. Le linn d'fhear acu a bheith ag ní a chuid cos sa tanalach, thug sé faoi deara slabhra ag lonrú amuigh i nduibheagán na habhna. 'An slabhra! An slabhra!' arsa seisean go lúcháireach. Bhí súil aige dá n-aimseodh sé slabhra caillte an bhanphrionsa go bhfaigheadh sé luach a shaothair ón rí. Léim sé isteach san uisce, thum sé go grinneall ach ní thiocfadh leis an slabhra a aimsiú. Tháinig sé amach, d'fhéach síos san uisce athuair, bhí an slabhra ansin go fóill. Bhain sé triail eile an slabhra a thabhairt go barr ach a oiread leis an chéad uair, cha raibh a dhath ar a shon aige. Ansin léim cúpla fear dá chomrádaithe isteach san uisce ag lorg an tseoda luachmhair seo ach theip orthusan fosta. Ach bhí an slabhra fós ag lonrú is ag spréacharnaigh ar ghrinneall na habhna.

Cha raibh i bhfad go raibh scéala an tslabhra dho-aimsithe seo i mbéal an phobail. Chruinnigh scaifte mór ar bhruach na habhna, go leor acu a rinne iarracht an slabhra a thabhairt go barr.

Tháinig an rí é féin nuair a fuair sé tuairisc ar an ábhar iontais seo cois na habhna. Shíl sé gur mhaith an beart é dá léimfeadh sé féin isteach san uisce agus an slabhra a aimsiú; Chuirfeadh an gníomh éachtach seo go mór lena ghradam i measc a dhaoine, mheas sé. Rinne sé sin, thug sé rúide reatha isteach san abhainn, thum sé go domhain. Chuartaigh sé an grinneall go mion agus go cruinn ach a oiread lena dtáinig roimhe, theip glan airsean fosta an slabhra a fháil.

'Tá an slabhra le feiceáil go soiléir thíos ansin ar thóin na habhna', arsa seisean, 'ach níl éinne againn ábalta é a aimsiú. Cad chuige?' Dubhiontas a bhí ann ceart go leor. Ní raibh fuascailt na ceiste ag éinne dá raibh i láthair. Fágadh an rí agus a sháith iontais air.

Ansin tháinig buachaill beag an bealach, é lán de chroí agus na súile ag damhsa ina chloigeann. Chuir sé sonrú sa chruinniú agus nuair a hinsíodh dó caidé a bhí ag déanamh buartha daofa, rinne sé a mhachnamh agus arsa seisean go stuama, staidéarthaí:

'Tchím, cha dtig libh an slabhra a fháil'.

'Cha dtig', arsa siadsan a bhí ina seasamh lena thaobh.

'Fanaigí go fóill', arsa an buachaill, solas na tuigseana ina shúile. Dhreap sé suas ar chrann a bhí ag fás ar bhruach na habhna. Bhog sé go haclaí i measc na ngéag gur aimsigh sé an rud a bhí á lorg aige agus ansin, shleamhnaigh sé go talamh, an slabhra leis ar bhacán a láimhe.

'Ní raibh an slabhra san uisce ar chor ar bith', arsa seisean go feasach, fadcheannach.

'Ní raibh sibhse ach ag amharc ar an scáile. Chuir an scáile dallamullóg oraibh'.

Bhí seancheann na críonnachta ar an bhuachaill seo.

Bhí an rí, ní nach ionadh, ríshásta leis an ógánach bheag, ghlic, ghéarchúiseach seo a d'aimsigh an slabhra agus a shábháil a iníon ó bhaol an bháis. Bronnadh a sháith de mhaoin an tsaoil ar an stócach ionas nach mbeadh sé féin ná a theaghlach ariamh ar an ghannchuid.

Fabhalscéal atá anseo a chuireann béim ar a bheith súilfhoscailte. Ní nochtann an fhírinne í féin ach daofa siúd a bhfuil a gcuid súl foscailte acu. Ní súile cinn amháin atá á mhaíomh agam ansin ach súil na haigne fosta. Súil an fhile!

Nach é sin gnó an fhile, an saol sofheicthe agus an saol dofheicthe a thabhairt chun solais. Gileacht a dhéanamh dár ndoircheacht! Ní féidir filíocht a dhéanamh má tá tú dallaigeanta.

Char bhain mé taitneamh ar bith as mo chuid bunscolaíochta. Bhí achan lá ina dhealg draighin ag tógáil angaidh i m'aigne. Purgadóireacht anama agus aigne a bhí ann. Buillí, bualadh agus brúidiúlacht, sin an chuimhne is buaine atá agamsa ar scoil Chaiseal na gCorr. Chan smacht a cuireadh ar mo shamhlaíocht sa scoil sin ach ansmacht. Is cuimhneach liom go mbíodh aistí beaga le scríobh againn. Cha raibh meas ag an mháistir ar shíneadh samhlaíochta de shórt ar bith a sháraigh na rialacha cumadóireachta a leag sé síos. Ba chuma caidé ab ábhar don aiste thosaigh tú i dtólamh lena leithéidí seo: 'D'éirigh mé ar a hocht a chlog ar maidin. Chuir mé orm mo cheirteach. Dúirt mé mo phaidreacha. Tháinig mé anuas 'na cistine. D'ith mé mo bhricfeasta'.

Scríobh mé aiste uair amháin agus mé sa tséú rang ina ndearna mé iarracht cor agus casadh a chur sna *cliché*anna sin, na sean-nathanna súchaite úd a bhaint as a gcleachtadh. Bhí mé ag léamh *Alice in Wonderland* ag an am agus tá mé cinnte gur fhág saol aisteach ainrialta Thír an Iontais lorg ar mo shamhlaíocht. Mhothaigh mé ag an am go raibh an teangaidh a bhí á húsáid againn sna haistí scoile ina codladh. Theastaigh croitheadh maith uaithi le hí a thabhairt as an mharbhántacht seo a raibh sí inti. Seo mar a chuir mé tús le m'aiste bheag dhúshlánach.

'D'éirigh mé le bánú na síoraíochta. Chuir mé orm mo chuid paidreacha. Dúirt mé mo cheirteach. Tháinig mé anuas an bricfeasta agus d'ith mé an staighre. Chuir mé an bealach mór i mo mhála scoile agus ar shiúl liom síos an spéir ar scamall báistí'.

Is cuimhin liom gur chuir briseadh seo na ngnás an máistir ar daoraí. Fuair mé bualadh an lá sin a d'fhág spuaiceacha ar mo lámha agus ar mo chosa. I ndiaidh dó a dhíoltas a ligean amach orm leis an tslat, d'fhéach sé orm go tarcaisneach agus arsa seisean: 'Staighre? I dtigh sibhse!' Agus rinne sé gáire beag magúil. '*Sure,* níl stól agaibhse chan amháin staighre'.

Bíonn eagla i dtólamh ar thíorántachtaí an dorchadais roimh an tsamhlaíocht. Tig imní orthu nuair a tchíonn siad poblachtaí beaga an tsolais ag teacht chun cinn ina measc.

Agus b'ionann an cás é i gCaiseal na gCorr, bhain an tsamhlaíocht le fairsingiú. Ceadaíonn an tsamhlaíocht dúinn spás agus scóip a chruthú thart orainn féin. Cothaíonn sé neamhspleáchas agus saoirse aigne.

Chan smacht a cuireadh ar mo shamhlaíocht ar an bhunscoil ach ansmacht. Chan fairsingiú a bhí ann ach cungú.

Fuair mé mo chuid meánscolaíochta i gCeardscoil Ghort an Choirce. Bhí an t-ádh dearg orm go raibh Tomás Breathnach ag múineadh ansin ag an am. Eisean a bhí i mbun an Bhéarla. Is cuimhneach liom go maith an chéad rang a rinne sé linn. Léigh sé dán, *'The Road not Taken'* le Robert Frost amach os ard dúinn agus ansin d'fhiafraigh sé den rang *'What do you think of that poem?'*

Bhain sin léim asam. Char cuireadh a leithéid de cheist orm ariamh sa bhunscoil. Cha raibh ionainn sa scoil sin ach soithigh bheaga fholmha agus chaithfí na soithigh sin a líonadh le fíricí. *'Facts, facts, facts! And nothing but facts'*, mar a deir Gradgrind san úrscéal *Hard Times* le Dickens.

Bhí sé le tuigbheáil ó cheist Thomáis go mbeadh idirphlé agus comhpháirtíocht ar siúl idir múinteoir agus mac léinn. Spreag sé muid lenár gcuid smaointe féin a nochtadh. Thug sé muinín dúinn seasamh ar ár gcosa agus ár n-aghaidh a thabhairt ar an tsaol le dóchas agus le dearfacht. *'Be positive about yourselves'*, a déarfadh sé linn i dtólamh.

Seisiún teiripe a bhí ina chuid ranganna a thug deis dúinn a theacht orainn féin mar dhaoine, féinaithne a chur orainn féin. Chan téacsanna as leabhar an Bhéarla amháin a bhí á dteagasc aige ach téacsanna as leabhar na Beatha. Thuig sé an tábhacht a bhain le saol na samhlaíochta. Mhúin sé filíocht dúinn seachas fíricí.

Thug sé spás agus scóip domhsa ina chuid ranganna a ghabháil mo bhealach féin. Cheadaigh sé domh a bheith cruthaitheach.

Tógadh mar Chaitliceach mé ach i mbriathar níos mó ná i mbeart. Bhí i bhfad níos mó spéise ag mo mháthair i gcreideamh na gcailleachaí ná mar a bhí aici i gCaitliceachas. Théadh sí chun an Aifrinn thall agus abhus ach chan rómhinic. Chaith mé m'óige ag éisteacht léithe ag caint ar an tslua sí, ar dheamhain aeir, ar ghiorraíochaí a bhí ina gcailleachaí, ar leannáin sí, ar na mairbh a bhí ag siúl thart ina mbeatha. Bhí an saol eile fá fhad méire dúinn agus chaithfí aird a thabhairt air, chaithfí aire a thabhairt do na neacha agus na nithe neamhshaolta a mhair ann. Bhí gá leis an chothromaíocht seo a chothú, a déarfadh mo mháthair, sa chruth go dtiocfadh muid slán ó ghéibheann na Cinniúna.

Nuair a bhíodh sí ag gabháil amach le huisce na soitheach dhéanfadh sí moill bheag i gcónaí ar leac an dorais sula gcaitheadh sí an t-uisce síos an tsráid le seans a thabhairt do na siógaí imeacht as an bhealach.

Tógadh mé i dteach a bhí lán de dheasghnátha. Ós rud é go raibh daonra dofheicthe an dorchadais ina gcónaí sa timpeallacht taobh leat agus dá ndéanfá iad a mhaslú nó a ghortú ar dhóigh ar bith, bheadh daor ort. D'fhág sé sin nach dtiocfadh leat an taobh tíre a thruailliú ná a tharcaisniú. Bhí a bheo féin ag baint le achan rud, gach cloch, gach cnoc, gach crann.

Cha dtiocfadh leat teach a thógáil anseo ná lios a scrios ansiúd. Chothaigh an cineál sin creidimh, sílim féin, meas ar an taobh tíre. Bhí an caomhnú agus an chosaint seo ag teacht go mór leis an tuigbheáil atá ag an ghluaiseacht ghlas don timpeallacht i láthair na huaire.

Agus bhíodh mo mháthair i dtólamh ag scéalaíocht, ach go háirithe nuair a thigeadh an galar dubhach uirthi. Agus í i dtaom duaircis (mar a bhíodh go minic) théadh na scéalta ar aghaidh lá i ndiaidh lae; scéalta brionglóideacha, buile, osnádúrtha. Is beag rian den réasúnacht a bhí le brath ar na scéalta seo. Bhí a cuid instinní i bhfad chun cinn ar a cuid intleachta.

Cha raibh léamh ná scríobh ag mo mháthair ach bhí samhlaíocht gan srian aici.

Tuigim anois gur cineál de scannán a bhí sna scéalta seo, sraith pictiúirí dá sícé féin. Ach lena chois sin, thug sí teangaidh sna scéalta seo do na dóláis uilig a bhí ag éirí aníos as an Duibheagán inti féin. Bhí an t-ádh uirthi go raibh an cumas sin inti a bheith ábalta focalriocht a chur ar na dóláis seo a chráigh í. Thug sin léargas díthe, measaim, ar an staid chorrach ina raibh sí agus faoiseamh, amanta, ón bhroid.

Ach nuair a bhí mé beag bhíodh náire orm nuair a thosódh sí ar na scéalta seo agus mo chairde scoile i láthair. Cha raibh tús ná deireadh leo, mheas mé, bun ná barr. Shíl mé go raibh mo mháthair ag déanamh seó saolta díthe féin os comhair mo chairde.

Blianta ina dhiaidh sin nuair a léigh mé *One Hundred Years of Solitude,* úrscéal le Gabriel Marquez, ba léir gurb é seo an mianach osnádúrtha céanna a bhí i scéalta mo mháthar. Ní bhainfeadh an t-ábhar ná modh inste an scéil i saothar Marquez as a cleachtadh í tá mé cinnte de sin. Ba seo domhan dúchais mo mháthar agus bhí sé á thabhairt chun solais. Ba *'magic realism'* a bhí á chleachtadh aicise fosta ina cuid scéalaíochta i ngan fhios díthe féin.

Creidim gur fhág saoithiúlacht mo mháthar lorg orm. Bhí a fhios aici go bhfuil níos mó sa domhan seo ina mairimid ná mar a tchítear dúinn le súile cinn ná mar a thuigtear dúinn le héirim aigne. Bhí sí i dtiúin leis an dúlra agus leis na déithe; leis an tsaol úd atá ar an taobh eile den rath, ar an taobh eile den réasún. Bhí cos amháin aici sa tsaol seo agus cos eile sa tsíoraíocht. B'ise súil na físe, an t-eadarghabhálaí agus an t-airdeallaí a thug sracfhéachaint domh ar dhiamhaireacht an tsaoil seo agus leid inteacht de dhúchas an tsaoil dhofheicthe.

D'fhág an dearcadh dána sin ar an tsaol, dearcadh a bhí leithleasach ar dhóigh amháin ach a bhí fada leitheadach ar dhóigh eile, d'fhág an dearcadh sin lorg orm sa mhéid is nach dtugaim isteach do *dogma* ná d'údarás cheartchreidmheach ar bith. Bíonn biorán beag á chaitheamh agam ó am go ham agus an manadh seo a leanas breactha air: *'my karma ran over my dogma'*.

Tá filí ann a dtig taomanna uaignis orthu agus treallána duaircis; tá filí eile ann atá chomh saor ina gcuid spraoi le héanacha beaga na spéire. Tá filí ann a chaitheann a gcuid ama ag meabhrú agus ag machnamh ar mhairgí móra an tsaoil. Tá dream eile ann nach bhfuil d'aidhm acu ach aoibhneas a bhaint as áiféis an tsaoil. *'If life gives you a lemon, make lemonade'*, a deir siad agus iad ag baint sú as an tsaol. Ach tá ceangal amháin eatarthu, tá siad uilig ag mothú agus ag fiosrú an tsaoil atá ina dtimpeall, tá siad uilig ag lorg brí.

In 1964 d'fhógair Dylan in *'The Times They Are a Changing'* – *'Don't criticize what you can't understand/your sons and your daughters are beyond your command'*.

Ba é seo an manadh catha agus an dord dóchais a bhí ag go leor d'aos óg na seascaidí; an glaoch glanghuthach a d'fhógair deireadh ré agus a thug réamhamharc ar an réimeas úr. Nocht scoilt shuntasach idir seansaol na nÚdarás agus nuashaol na n-óg. I Sasana agus i Meiriceá go speisialta. D'fhógair na Beatles dúinn, *'all you need is love'*. D'agair na Stones orainn, *'let's spend the night together'*. Chuir Philip Larkin a mhéar ar an tsaoirse nua seo, *'sexual intercourse began in 1963/between the end of the Chatterley ban and the Beatles' first LP'*. Bhí an Pápa Eoin XXIII ag ruaigeadh damhán alla as an eaglais agus ag ceadú d'aer úr fholláin na fiosrachta séideadh fríd na Scrioptúir. Ní Scrioptúir a bhí ar a aigne ach script úr. Bhí sé ag iarraidh Scothscéalta a dhéanamh as an tSoiscéal.

Bhí gúrúanna as an Oirthear ag comhairliú do dhaoine a mbéal a dhrud agus a n-aigne a oscailt. Bhí bláthanna an ghrá ag bláthú i gcroíthe na Hippies. Bhí Timothy Leary ag iarraidh ar a lucht leanúna, *'turn on, tune in and drop out'*.

B'fhéidir nach raibh an stoirm smaointeachais seo, an suathadh aigne seo ag tarlú chomh forleathan in Éirinn na linne sin agus a bhí in áiteanna eile ach, dálta stoirme ar an fharraige, tháinig cuid den raic i dtír anseo i meon agus i samhlaíocht na n-óg.

Bhí cluas éisteachta orainn le Radio Caroline agus le Radio Luxembourg agus bhí muid ag piocadh suas na víbeanna psychedeliceacha a bhí na Beatles, na Rolling Stones, Pink Floyd, Procul Harum, na Doors a chur chugainn ar thonntaí an aeir. Ní raibh mé ag *swing*eáil i Londain in 1967 ná ag *party*áil in San Francisco ach bhí lánchead agam a bheith ag spásáil in Woodstock mo shamhlaíochta.

Agus mé ag tabhairt cuntais ar an am sin bhí seo le rá agam.

Musically I was weaned on Radio Luxembourg and Radio Caroline. In the evenings I would nuzzle up to our transistor radio and let that fantastic ferment of 60s' sounds flow through me. I was nurtured by Dusty Springfield, the Throggs, the Zombies, Manfred Mann, The Moody Blues, Small Faces, The Kinks, The Bee Gees, Roy Orbison, Elvis Presley, The Beatles, The Rolling Stones etc. This music provided the soundtrack to my sexual awakening. Songs like Amen Corner's 'Bend Me, Shape Me'; Herman's Hermits' 'I'm Into Something Good'; Steppenwolf's 'Born To Be Wild'; Manfred Mann's 'Doo Wah Diddy Diddy'; The Equals' 'Baby Come Back' and the Monkees' 'I'm a Believer' were, for me, libido liberation songs.

We are all formed and informed by the times we live in. That state of mind known as the 60s has certainly conditioned me, shaped my imagination. Although that psychedelic explosion was not happening in Mín a' Leá I got an earful of its vibrations from radio. I loved the colourful tribalism of the Hippies. Flower Power empowered me. By the early 70s I was into long hair, ethnic clothes, beads and patchouli oil. I was getting high on expansiveness be it in pop or poetry. I was into the bliss business of Eastern beliefs. Swami Vive Kananada, the

Maharishi, Sri Yukteswar, Rama Krishna, Yoganda, Krishnamurti were my spirit guides. That 60s' tilt towards the Orient has certainly affected my poems.

I knew of 'swinging London' but by the time I arrived there in the early 70s the swing had gone out of Carnaby Street. I went to London because it was the closest I could get to San Francisco at that time. I wanted to hang out in Haight Ashbury but, for the present, High Street Kensington would be the stop-gap, the substitute. The poems I wrote at the time were attempts to make some sense of my West-End metaphysics, my hippy-darma; snapshots of my Piccadilly life.

Music as much as literature, has been for me a mind-altering substance. It has changed, shaped and transformed me. The Sex Pistols and Sean-Nós; Ravi Shanker and Rostropovich, Billie Holiday and Bridie Gallagher; all have left their mark on me. Somehow they fondled my 'féith na filíochta' and caused it to stir excitedly.

I dtús na seachtóidí agus mé ag obair i Londain, léigh mé Allen Ginsberg, Gregory Corso, Gary Snyder, Jack Kerouac agus Frank O'Hara. Mheall siad mé mar go raibh comhcheilg ar bun acu in éadan na gcoinbhinsiún. Thug siad an fhilíocht amach ar an tsráid. Shaoraigh siad bé na héigse ó shaol sheasc mheánaicmeach na hacadúlachta, áit a raibh sí ag fáil bháis de dhíobháil *action* agus thug siad cead a cinn díthe an tsráid a shiúl.

Bhí na Beats beo beathach. Chan siad, chaoin siad agus cháin siad an saol lena meabhair agus lena gcuid magairlí. Dhúisigh na Beats an Dán. Ár nDán.

In Éirinn na mblianta sin chuir *Innti* fóram ar fáil don fhilíocht agus don fhrithfhilíocht. Ghriog agus ghríos bunadh *Innti* an teangaidh. Chuir siad ar fiáin í le *libido* na filíochta. Thom siad iad féin inti.

Ba i nGort an Choirce a casadh Michael Davitt orm den chéad uair. Maidin Domhnaigh a bhí ann, bhí mé thíos sa tsráidbhaile le páipéirí an Domhnaigh a cheannach. Bhí mé ar mo bhealach chun an óstáin le beart nuachtán faoi m'ascaill nuair a tchím ag teacht chugam é ar an chosán; fadchosach, catach, a cheann 'lán de Chasadh na Gráige', b'fhéidir, nó ag cur thar maoil le Dylan.

Bhí sé i gceannas ar Eachtra, cúrsa amuigh faoin spéir a bhí á reáchtáil ag Gael Linn an samhradh sin sa Cheardscoil i nGort an Choirce. Bhí aithne shúl agam air, dar ndóighe, ó ghrianghrafanna sna hirisí ach ní fhaca mé ariamh ina bheatha é go dtí an mhaidin chinniúnach úd agus é ag siúl chugam go grástúil; é ard, aigeanta, ainglí. Aisteach go leor lig mé dó siúl tharam gan gíog ná míog a ligean asam. Bhí m'anáil i mbéal mo ghoib le faitíos. Bhí glas na heagla ar mo theangaidh agus mé i láthair mo laoich, mo ghile mear. Bhí faitíos orm go ndéarfadh sé, *'but it ain't me, babe, no, no, no, it ain't me, babe, it ain't me you're looking for, babe'*.

Cúpla bliain ina dhiaidh sin chuir muid aithne ar a chéile agus is i méadaíocht agus i mbuaine a chuaigh ár ndáimh le himeacht na mblianta. Is mór an briseadh croí domh a bhás róthobann.

Má b'iad an Ríordánach, an Direánach agus Máire Mhac an tSaoi a thug filíocht na Gaeilge – an tSeanbhean Bhocht – isteach san fhichiú haois, b'iad bunadh *Innti* agus Davitt ach go háirithe a chuir cóiriú na seascaidí uirthi. Thug sé dathanna niamhracha amach as *wardrobe* a aigne agus ghléas sé go barr na méar í. Chuir sé ag caitheamh *cannabis* í. Chuir sé an ceol aríst ina cuislí.

B'iad lucht *Innti* Beats na Gaeilge.

Mar atá ráite ag Seán Ó Tuama b'é Michael Davitt an Pied Piper a ruaig luchóga móra an leadráin as Hamlyn na hÉigse. Ansin mheall sé an t-aos óg dána siar go Dún Chaoin.

Thaispeáin sé dúinn an dóigh leis an dán a thabhairt 'ó leibhéal go leibhéal' agus chonaic muid le soineantacht shúilfhoscailte an linbh 'an oíche ag titim gleann ar ghleann'.

'Mhissáil mo chroí *beat* ar an Chaorán Mór', a dúirt sé agus é ag tabhairt na teanga chun buaic réabtha.

Tógadh Michael Davitt le Béarla ach bhí an Ghaeilge ar a thoil aige. Thuig sé an dóigh a bhfuil an dá theanga seo ag coraíocht le chéile inár n-aigne. Thuig sé go rímhaith scitsifréine teanga Ghleann seo na nGealt agus bhain sé leas cruthaitheach as an choimhlint sin chun scóip na teanga a shíneadh. Thuig sé go raibh teorainneacha úra teanga le trasnú againn, *frontiers* nua le haimsiú againn i nGaeilge.

Tá sé ar shiúl uainn chun na síoraíochta agus is mór ár gcaill. Ní deora atá de dhíobháil air lena chaoineadh, lena cheiliúradh ach dánta.

For more than three decades Michael Davitt was a luminous presence, a liberating force in Irish language poetry. A tuned-in, amped-up, street-wise cosmopolitan, he set the fads, the lingo, the stances. For a lot of us who took to poetry in the seventies he was the rather raffish, maverick lyric tenor of our bohemian rhapsody. We adored the sounds he made, the jazzy urgency of his style that made Gaelic go bebop in the night with a swinging, snazzy self-confidence. It was compelling stuff: funky, defiant and free.

Davitt was a child of the sixties, a freewheelin' follower of the new vision, a believer in that costumed counter-culture that put a rosy glow in the mind and a rainbow show in the wardrobe. He brought all of that expanded mind-exuberance to bear on the writing of poetry in the Irish language.

In the early seventies he took us out in the carefree caravan of his poetry to a lovely mellow-yellow domain somewhere between Dylan and Dún Chaoin.

The creative flow showed no signs of abatement. The poems kept on coming, as fresh as ever in their urgency and utterance, their stylistic assurance, their rhapsodic sonority. Later in poems that are pitched skillfully between plainness and a pulsating lyrcism, he speaks with the persuasive powers and the passionate authority of a great poet. These are rich human poems brought back from the edge of the abyss, from a zone of fear and desperation. They are poems of bewildered tenderness, poignant attempts to make sense of the world's grief ad the soul's despair.

He was an audacious pioneer, scattering seeds out there in the still unchartered territories of Gaelic poetry. Gúrú maith agat, Michael. Tchím é anois, mionghháire ar a bhéal agus é ag rá liom:

> Dá bhféadfainn breith ar mo hata
> atá caite i mbéal geata
> ní bheifeá ag sá do shúl
> chomh sotalach síos im' anam dorcha.

When Seán Ó Ríordáin's first collection *Eireaball Spideoige* was published in 1952 it received very harsh criticism. Critics said that he was a poor craftsman who had sundered the link with tradition; most scornful of all the judgements made against him was the accusation that he misused the Irish language. The usual parade of fascist clichés marched forth and tramped over the body of Ó Ríordáin's verse. It hurt him greatly and it was twelve years before he issued his next volume, a slim *tour de force*; *Brosna* is my favourite Ó Ríordáin collection.

The early encounters with Ó Ríordáin's poetry were, for me, both breathtaking and distressing. In an extreme effort to isolate the true self, 'an mise ceart', there's a sort of self-mutilation going on in his poetry. He cuts himself up with his razor-sharp intelligence. His poetry is full of loathing and self-doubt. He introduces into Gaelic the whole idea of the self as drama.

For Ó Ríordáin the drama, the conflict, takes place in the interior arena of the spirit. The themes of the drama are the search for the unseeable self and the saying of the unsayable in an absurdist world. In a poem called 'Fan' from *Línte Liombó*, his third collection published in 1971, he says:

> Create if you have to
> an unutterable clutter

– a 'tranglam dolabhartha' as he terms it in Irish. That's why his Irish sounded so strange to those early critics of his work. He was an activator of language, a pusher of it; he made it get-up-and-go. Rather than let language speak through him, he forcibly spoke through language. The given language was often inadequate for his needs and he began to coin new words, especially compound words. It was stimulating, and still is, to read him from that point of view; to encounter that exciting, individualistic, expressiveness which was so utterly new to the Gaelic of our times.

Seán Ó Ríordáin spent long periods during his early manhood in the 30s, and 40s in a sanitorium. People who suffered from TB were admitted to these institutions to restrict the spread of the disease. TB was the terrifying disease of that time. It was contagious and spread by contact. People with TB were ostracised. It instilled fear and terror in the community. The poems and the diary which he kept regularly from the 40s onwards give us a vivid picture of his battle with Death. They also provide a vivid account of what it was like to be a TB outcast.

Loss of health, loss of happiness, loss of self is a recurrent theme throughout his work; the difficulty of preserving a personal identity amid the solitude, the suffering and the self-doubt. A terrifying dark is encroaching as is evident from 'Claustrophobia', a major poem in *Brosna*, a threat that imperils his life. The poem is a desperate dialogue with himself in an attempt to assuage the pain and to assert the will to survive.

The dominant feature of Ó Ríordáin's poems is their inwardness; a solitary, introspective journey into his own interior. There is an absence of people in his poetry. Perhaps he concurred with what Matthew Arnold said: 'It is hard for a pure and thoughtful man to live in a state of rapture at the spectacle afforded him by his fellow creatures'. The most touching expression of human love, warmth and tenderness towards another is for his mother and that's in a poem remembering her burial; one of the truly groundbreaking poems of modern Gaelic verse. He is not a poet of intimacies and ardent endearments. His poetry, unlike so much of the Gaelic tradition does not come from a communal impulse but rather from an intense solitary self-absorption. There are luminous moments of interiority in his work that are unequalled in Gaelic poetry. 'Fiabhras' is a poem in which the hot delirium of his fever is conveyed with an otherworldly radiance. It's a rare illuminated moment where his illness is raised to mystique.

There are occasional poems where he surfaces from his complicated, entangled interior life to confer with others. 'Saoirse' from *Eireaball Spideoige* and 'Fill Arís' from *Brosna* are two such poems in which his isolated self wants to reconcile itself with the tribe and lose itself in the *dúchas*. In these two poems he celebrates integration and unity with the community. This communion with the community is, for Ó Ríordáin, another survival tactic. His resolve to put his faith in tongue, place and tradition will, he believes, revitalize him.

'Saoirse' is a chant to the commonplace, a surge of praise for all that is customary, familiar, settled in an ordinary country community. In a series of supplications he asks for a way out of what Wordsworth once called 'the weight of too much liberty'. He believes that the multiple dichotomies that caused him so much anguish and turmoil: saoirse/daoirse, peaca/paidir; an duine amuigh/an duine istigh; bás/beatha; an slua/an duine aonair; dorchadas/solas will be resolved and reconciled in a community where people respond to life plainly, dutifully, reverentially.

Likewise 'Fill Arís' is a prayerful interaction between himself and that ideal community that he envisions. In this beautifully cadenced poem he asserts his affinity and attachment to the *dúchas* and a firm belief in its abundant vitality and its enduring values.

Tá *Na Glúnta Rosannacha* le Niall Ó Domhnaill ar cheann de na saothair phróis is taitneamhaí a tháinig ó Thír Chonaill (Oifig an tSoláthair, 1952). Tá Gaeilge sa leabhar seo arbh fhiú Gaeilge a thabhairt uirthi. Tá a mhéar ag Ó Domhnaill ar chuisle bheo na teanga ach tá sé ábalta nuair is gá síneadh na filíochta a bhaint as caint a dhaoine.

Cuntas liriciúil atá ann ar shaol agus ar shaoithiúlacht na Rosann ón chianaimsir go dtí ár dtráth féin. Thiocfadh leat a rá go bhfuil na fíricí curtha i láthair i bhfilíocht.

Léiríonn sé ábaltacht agus cumhacht a phinn ón tús. Meallann ceol an phróis muid, miosúr dea-thomhaiste na cainte. A leithéid seo:

> Strócadh an caorán den imeallbhord; baineadh beatha as an áit ina raibh an garbhfhraoch; tógadh teaghlaigh mhóra ar aghaidh na n-oileán agus na ngealtrá; fágadh scéal daonna le hinse ar na carraigeacha féin.

Tá an cur síos beacht, dea-chumtha sin le fáil ar leathanach a haon den leabhar. Tugann an sliocht sin le fios cé chomh híogair, mealltach agus atá stíl Uí Dhomhnaill. Sraith d'abairtí áille agus snáth an cheoil á gcoinneáil ceangailte le chéile go healaíonta. Cuireann gach ceann acu a bhrí féin agus a bhéim féin le ciall na mórabairte. Cuireann an phoncaíocht go mór le héifeacht na rithime agus tugann sé orainn moilliú agus machnamh a dhéanamh ar an mheabhraíocht atá i ngach ceann de na foráite. Tá iarracht den reitric sa phíosa seo fosta, cleas cliste a bhíonn ag lucht cainte le haird agus aire an éisteora a choinneáil ar a bhfuil le rá acu. Ach thar cháilíocht ar bith eile tá Ó Domhnaill ábalta a chló féin a chur ar an teangaidh. Tá sé ábalta snas a chur uirthi, í a aclú, beatha úr a thabhairt do sheanbhriathra. Cinnte, tá saothrú déanta aige ar a stíl phróis ach i gcónaí tá a chuid cumadóireachta ag teacht le dúchas na teanga. Sin, b'fhéidir, an cháilíocht is buaine dá shaothar – Gaeilge ghlan nádúrtha a bhfuil blas agus boladh an dúchais uirthi. Tá mianach agus saibhreas cainte an tseanbhunaidh inti. Pléisiúr a bheith ag léamh an phróis aoibhinn seo.

Ar leathanach a hocht den chaibidil chéanna, 'Rosa an Fhraoigh', tá an cuntas glé gleoite seo ar an athrú a tháinig ar ghné na dúiche agus ar bheatha na ndaoine nuair a mhéadaigh an daonra agus nuair a rinneadh míntíriú ar an talamh gharbh.

> 'Strócadh sliabh agus líonadh mínte le tithe. Feannadh na carraigeacha ar an imeallbhord le baint mhónadh agus le dóghadh talaimh. Siabadh dumhacha agus nochtadh reilgeacha agus plúchadh poirt le doininn.'

Sin filíocht. Sin an teanga ag caint linn i gceol. Tá míneadas i ngluaiseacht gach abairte, gach ceann acu ar mheá chothrom agus cothromaíocht idir an t-iomlán acu. Sin eiseamláir de phrós gurbh fhiú dúinn uilig a leanstan, abairtí gearra curtha i gceann a chéile go ceolmhar.

Tá bua ag Ó Domhnaill nithe a chur i gcomparáid le chéile go héifeachtach. Tá sé in ann comparáidí a aimsiú a thugann léiriú breise dúinn ar an ní atá á rá aige. Déanann na comparáidí seo soiléiriú filiúnta ar a chuid cainte. Seo mar a chuireann sé síos ar shráidbhaile an Chlocháin Léith, príomhbhaile na Rosann.

> Tá sé ag fás le dhá chéad bliain ó rinneadh an chéad bhealach mór sa tír chúil. Amach as anois, mar a bheadh spócaí cama as mol rotha, tá gréasán bealach ag gabháil thart leis na bailte cladaigh agus trasna na gcaorán agus anonn thar cheithre doirse na Rosann, go Gaoth Dobhair, go Gleann Domhain, go Gleann Fhinne agus go Baoigheallach.

Cuireann meafair chumasacha agus ornáidíocht chainte mar sin leis an tsásamh a bhaineann muid as píosa léitheoireachta. Cruthaíonn sé pictiúr sa phíosa sin, grianghraf i bprós a thugann soiléiriú dúinn ar thíreolas an cheantair.

Sa chaibidil 'Mórtas Dálach' cuireann sé Aodh Rua Ó Domhnaill inár láthair go beo beathach.

> Bhí siúl saighid faoi ins na laethibh teanna sin, ag gabháil ina rua-lasair ó dheas is ó thuaidh, ag diúracadh nó gur lagaigh a lámh ar an urchar.

Tchíonn muid sa tsliocht sin an fear cogaidh seo, an gaiscíoch róthobann agus róthintrí seo. Tá friotal laochais agus cumas meafrach an tsleachta ag teacht le hábhar. Tá Ó Domhnaill i gcónaí cinnte den fhocal bheacht cheart, den mheafar shoiléir, den insint íogair.

Stair agus saoithiúlacht na Rosann ábhar an leabhair seo. Chan ionann agus go leor údair staire atá fadálach agus tromchúiseach ina gcuid tráchtaireachta ní bhíonn Ó Domhnaill ariamh foclach ná iomarcach ins an chur síos a dhéanann sé ar eachtraí stairiúla. Seo an cuntas a thugann sé ar bhriseadh La Hoche amach ó Oileán Árainn Mhór ar an 12 Deireadh Fómhair, 1798.

> Chruinnigh cathlonga na Sasana timpeall ar an Hoche i dtús teangmhála. Chomhraic sí ar feadh na maidine iad go dtí go raibh a crainn briste, a seolta ina scifleoga, a stiúir caillte, a taobhanna ag tarraint uisce, a ceithre fichid gunna as gléas agus a hiomlúchtóirí ina ndramhaltach i gcosair chró.

Tá sé de bhua ag an údar muid a thabhairt ar an láthair. Tá na mionsonraí a thugann sé, an liostú a dhéanann sé ag cur go mór le grinneas na hinste.

Tá 'Laoi na Rosann', caididil deiridh an leabhair, ar phíosa scríbhneoireachta chomh deismir, dea-chumtha agus atá le fáil i nGaeilge. Tá an ceiliúradh agus an comóradh, an moladh tíre agus treibhe chun tosaigh in 'Laoi na Rosann'. Dán próis atá ann i ndáiríre. An Ghaeilge faoi lán tseoil agus ina hiomlán brí. Baineann sé ceol na filíochta as an teangaidh agus é ag móradh a dhúiche agus a dhúchais.

Tá a bhuanna stíle agus a chumas scríbhneoireachta le sonrú go soiléir sa tsliocht seo a leanas:

> Níl scaradh ag scéal na Rosann leis an Fharraige Athlantach. Bheathaigh sí formhór na ndaoine ar a bordaí ariamh anall. Lig sí a hiasc leo ina líon séasúir. Leasaigh sí a dtalta lena lón leathaigh. Luchtaigh sí a cladaigh le cnuasach chucu, agus chuir aiteacht ann ó lag trá go líonadh. Bhog sí a gcuraigh mar chliabháin fúthu nuair a bhí an aoibh chealga uirthi, agus chuir sí tórramh portán ina ndiaidh nuair a bhuail an tallann í. Tá sí craosach le linn a feirge agus tá feall inti sa lá chiúin; is í banríon thaodach an Domhain Thiar í.

Tá gach abairt sa phíosa sin tomhaiste agus meáite. Tá rithim aimsithe aige i rith na cainte a chuirfeadh glór agus gluaiseacht na farraige i gcuimhne duit. Abairtí gearra ag toiseacht leis an nath cheannann chéanna ... lig sí ... leasaigh sí ... luchtaigh sí. Cuireann an t-athrá seo, an uaim seo, tuaim shíoraí na mara i gcuimhne dúinn, amhail is dá mbeadh an fharraige ag teacht i dtír ar an leathanach.

Tá pearsanú déanta aige ar an fharraige fosta. Tá sí curtha inár láthair i gcruth daonna. Ise 'Banríon thaodach an Domhain Thiar'. Seo bealach atá aige leis an dúlra deoranta a dhéanamh daonnúil. Tá teas na daonnachta, thiocfadh leat a rá, curtha aige ar fhuacht na farraige. Mothaíonn muid, dá bhrí sin, níos mó báighe leis an rud atá á rá aige. Meallann sé muid isteach i rún a scéil.

Ceann de na cáilíochtaí atá le sonrú ar chumadóireacht Uí Dhomhnaill ná an stór focal agus an dea-scríobh. Tá sé ábalta abairtí filiúnta a chur i dtoll a chéile atá lán de bhrí agus de mhistéir na fuaime. A leithéidí seo:

> Lig sí a hiasc leo ina líon séasúir. Leasaigh sí a dtailte lena lón leathaigh.

Tá friotal na habairte simplí ach tá ciall an domhain á hiompar ag na focla.

Tá an teangaidh ar a thoil aige. Tá stór focal aige a thugann deis dó an smaoineamh is sia ina chroí a nochtadh dúinn go soiléir. Tá tabhairt faoi deara ann. Tá súil ghlé an fhile le feiceáil ar na sonraí a chuireann sé inár láthair:

> ceatha boga an Aibreáin ar rómhar úr, buinneáin bhána in urlár bachta mar liomóga olla ar bharr sifíní.

Cuireann an tabhairt faoi deara phearsanta seo go mór le héifeacht an phíosa. Fosclaíonn sé súile an léitheora ionas go bhfuil muid ansin fosta ag féachaint ar a bhfuil faoi shúile an scríbhneora.

Is aoibhinn liom a leithéidí seo, an grinneas súl agus greann i bpáirtíocht lena chéile:

> Bhí cúlbhlagad ar Chnoc an Diaraigh le síon aniar.

Ní bréag é dá ndéarfainn go bhfuil draíocht na fuaime, draíocht na cantaireachta á himirt aige i gcónaí ar chluais an léitheora. Tuigeann sé an tábhacht a bhaineann le héifeacht fuaime; rithim réidh na bhfocal, uaim agus onamataipé le gabháil i bhfeidhm ar éirim chéadfaíoch an léitheora. Shamhlófá go minic gur dán próis atá á léamh agat tá an tráchtaireacht chomh cúramach dea-scríofa sin. Gach focal beacht, lán de bhrí; gach siolla ár mealladh le fiúntas an cheoil.

Nuair a chuimhním ar *Slógadh* is í an tsamhail a thig chugam ná tinidh: tinidh Chásca. Bhíodh *Slógadh Náisiúnta* ar siúl i gcónaí i dtrátha na Cásca. Ba seo buaic agus barr na bhféilte réigiúnacha; na laomanna áitiúla, na lasracha aonaracha tugtha i gceann a chéile: smután den tsean-nós ón Cheathrú Rua, bonn borrtha den *rac-an-roll* ó Bhaile Átha Cliath; géag coille den fhilíocht ó Dhoire Cholm Cille; ladhar gráige den drámaíocht ó Ghaoth Dobhair; craobhghlas den phopcheol ó Rinn Ó gCuanach.

Agus seo ar fad curtha i gceann a chéile cha dtiocfadh leat a bheith ag súil lena dhath eile ach tinidh chnámh ceoil agus cuideachta. Tinidh Chásca na nÓg.

Tinidh a lasadh den chéad uair in 1969. Cá háit a dtéann na blianta, cá háit a dtéann an t-am? 1969! Bhí ár gCalifornia geanúlachta féin againn i gColáiste Phádraig, Droim Conrach. Agus tá sé le maíomh agam go raibh mé ann.

Tá mé i mo shuí anseo liom féin cois tineadh i Mín a' Leá, tráthnóna beag liathbhán, libideach idir dall agus dorchadas agus gan de sholas ag aoibhniú an tí ach fannsolas na gríosaí agus mé ag caitheamh súil na cuimhne siar ar *Shlógadh*; ag tabhairt na bpictiúirí amach as albam na haigne agus a dtabhairt chun solais sa tsamhlaíocht: bladhairí an *rac-an-roll* ag bladhmadh as seomra coirme; mianta ag lasadh ar ardán na drámaíochta; dánta ag drithliú i seomra na héigse; aibhleoga dearga an tsean-nóis ag cur snua i ngruanna; buachaill le bosca cnaipí agus é ina chaordhearg ceoil; gal teasaí ag éirí as seit traidisiúnta; leannáin i gcoirnéal agus a dteas féin acu. Ba sin *Slógadh*. A phort teasa féin á chanadh ag cách, thuas ar ardán, thíos i gcúlseomra, istigh i bpub, amuigh ar an tsráid.

Ní thiocfadh an beo dearg tineadh seo a choinneáil ag gabháil ach go b'é foireann *Shlógadh*; na daoine iomadúla úd, cuiditheoirí díbhirceacha a thug a dtaca achan bhliain le haisling na féile a fhíorú. D'athraigh na haghaidheanna ach mhair an aisling. D'athraigh na daoine ach mhair an dea-thoil. Agus bhí an fhoireann sin i gcónaí fáilteach, fonnmhar, *funky*áilte. D'obair siad go tiubh, teasaí i gceann fógraíochta, i mbun rúnaíochta, ar chúl ardáin ag coinneáil an tseó ag splancadh go spleodrach.

Thar na blianta bhí finscéalta agus fíorscéalta cumtha agus canta i dtaobh foirne *Shlógadh;* an greann Raibiléiseach a bhain lena leithéid seo de dhaoine; na hoícheanta rapsóideacha a bhíodh ag a leithéid siúd; an chuideachta shúgach a thógfadh thú idir chorp agus chleití suas, suas isteach sa strataisféar nó sa tSlógadhsféar a ba chirte domh a rá. Agus bhí siad ann thar na blianta, saoithe agus draoithe a roinn linn a gcuid feasa, a thug spléachadh dúinn ar an tsíoraíocht (siar go maith san oíche) lena gcuid cainte, lena gcuid ceoil. Chan *slow-go* ar bith a bhí i *Slógadh* ach *go-go-go;* luas, luascadh agus luasc-cheol ó mhaidin go hoíche agus ó oíche go maidin. Chaill siad allas sa lá agus chaill siad codladh san oíche ach choinnigh an chraic anam agus corp i gceann a chéile. Craic, a chroí, agus ní piolla ná púdar atá i gceist agam ach pabhar na bpearsan, an spraoi a bhain siad as a chéile. Slógadhspraoi!

Thar na blianta bhí aos léinn, aos ealaíne, aos ceoil na tíre páirteach in imeachtaí *Shlógadh* cé acu mar iomaitheoirí, mar mholtóirí, mar chuiditheoirí, mar stocairí; ba chuma, bhí siad ann agus fonn orthu a bheith ann. Thar na blianta úd chas mé le Gabriel Rosenstock, le Michael Davitt, le Liam Ó Muirthile, le Seamus Ennis, le Philip King, le Peadar Mercier, le Proinsias Ní Dhorchaí, le hEoghan Ó Tuairisc agus le Rita Kelly agus níl ansin ach mo liosta d'ainmneacha glórmhara *Shlógadh.* Cuimhneoidh mé i gcónaí ar an am a chaith mé ina gcuideachta ag *Slógadh,* cé acu i nGaoth Dobhair nó i nGaillimh, i Loch Garman nó i gCorcaigh nó in áiteacha eile níos sia sa tsíoraíocht. Rosenstock agus é ag cur dánta os ár gcomhair ar a sé a chlog ar maidin agus drúcht na bhflaitheas ag lonrú ar an fhéar. 'Seo dán a chum mé anois díreach faoi dhreoilín teaspaigh nó *grasshopper* mar is fearr aithne ar an gcréatúirín bocht i mBéarla *and I don't mean somebody who levitates on marijuana'.*

Casadh Liam Ó Muirthile orm ag ceann de na chéad *Slógaí* i gColáiste Phádraig. Shamhlófá gur duine de na

Cavalier Poets a bhí chugat; an uaisleacht fhiáin fhiliúnta chéanna le feiceáil ina ghnúis-sean. Bheadh a fhios agat láithreach gur seo fear de ríshleacht na bhfilí. Sa chloigeann mheigeallach úd tchífeá Villon agus Máire Bhuí Ní Laoire ag pocáil a chéile go dtí go maidhmfeadh siad beirt i bhfilíocht.

Bhíodh Philip King ann agus é ag ceiliúradh aifreann meánoíche na *mblues*. A Dhia, shuíodh muid thart air, eisean i lár báire, sagart na siansaíochta ag ofráil in airde abhlann ghlé an amhráin. Nuair a chanadh sé '*Trouble*', amhrán de chuid '*Little Feat*', chluinfeá na haingle ag osnaí. Agus bhíodh Seamus Ennis linn go minic – go bhfaighe sé luach a shaothair sa tsíoraíocht rud nach bhfuair sé ar an tsaol seo. Is cuimhneach liom oíche ag *Slógadh Náisiúnta* i Loch Garman, agus Seamus ag seinm 'Scaradh na gCompánach', *bloody Mary* dúbailte lena thaobh leis an tocht a mhaolú. Bhí ceol coscrach ár gcine i gcónaí leis ina chroí.

'Á, tá ré na bpleidhcí thart, a Charlie', mar a dúirt Davitt ach tá na cuimhní fós liom. Anois agus mé liom féin i Mín a' Leá tá siad ag lasadh an dorchadais domh, ag ruaigeadh an uaignis. Seo ag teacht iad ina nduine is ina nduine, Brídín, Áine Hensy agus Angela, Niamh agus Gráinne, Máire Bric agus Mícheál Mac a' Bháird, Máirtín Ó Siadhail, Colm Ó Dulacháin, Colm Ó Lochlainn, Bill Doyle agus níl ansin ach ceann an scuaine. Iad ar fad óg, dea-bheo, dóchasach.

Slógadh! Téarma míleata atá ann ach ní raibh de mhíleatacht ag baint leis ach go bhfeicfeá fear fuaime, b'fhéidir, agus *rifle mic* á dhíriú aige ar an tslua nó go gcluinfeá i gcoirnéal inteacht léiritheoir teilifíse ag scairtigh go mífhoighneach: '*Shoot*'.

Agus tchím *Slógadh na nÓg* ag teacht chugam; cathlán gealgháireach i gcathéide *denim,* pacaí saighdiúra ar a ndroim. Seo *Slógadh* na siamsaíochta. Seo saighdiúirí na síochána. Níl de chogaíocht i gceist acu ach cogadh a chur ar dhuairceas, cath a chur ar dhiúltachas. Bhíodh coimhlint ghéar ar siúl gan amhras ar ardán ach ní raibh ansin ach cogadh na gcarad. Rinneadh an gortú, dá mba ann dá leithéid, a chneasú le gean.

Ag *Slógadh* bhí gach iomaitheoir ag iarraidh a sholas féin a thabhairt chun léargais ar mhaithe le féinmheas. Bhí ort tumadh go domhain síos isteach i dtobar na dtallann agus cé bith mianach ealaíne a bhí istigh ionat a thabhairt leat go barr, chomh beo le breac, chomh breá le péarla. Thug *Slógadh* spreagadh duit teagmháil a dhéanamh le do dhúchas féin.

'Caidé an ealaín atá ort?' a deirtear leis an té a bhfuil rud inteacht as an choitiantacht ar bun aige. Ar na mallaibh, tá cuid mhór daoine ag ealaín sa Ghaeltacht. Is maith ann iad le muid a bhaint as ár gcleachtadh le geit na healaíne. I ré seo an bheaguchtaigh ní daoine díograiseacha amháin atá uainn ach daoine dúisithe; daoine a bhfuil spiorad na fiosrachta agus spiorad na fiontraíochta go smior iontu. Aos ealaíon atá uainn; díograiseoirí dúisithe, tionscnóirí dána a bhfuil soiléireacht shúilfhoscailte na filíochta ina ndearcadh. *Seers* na samhlaíochta! Saoránaigh i bpoblacht an tsolais. Cúis áthais domh go bhfuil líon mór d'aicme seo an aoibhnis ag feidhmiú ar fud na Gaeltachta ó dheas agus ó thuaidh. Cuireann siad go mór le saol an spioraid agus le saol na samhlaíochta sna pobail éagsúla ina bhfuil siad ag saothrú.

Dá mhéad a mhothaíonn pobal ar bith go bhfuil rud inteacht suntasach, rud inteacht pearsanta dá gcuid féin, le bronnadh acu ar an chine daonna i gcoitinne, is amhlaidh is mó a bheas meas acu orthu féin agus, dá réir sin, tá súil agam, meas acu ar dhaoine eile chomh maith. Is é ár ndán, ar ndóigh, a bheith rannpháirteach i gcinniúint a chéile. Caithfimid comharsanacht mhaith a dhéanamh lenár gcomhdhaoine cé acu in Gaza atá cónaí orthu nó i nGleann an Átha. Cothaíonn an ealaín, dar liomsa, dáimh agus daonnacht i ndaoine sa chruth go dtig le comhpháirtíocht ceana a bheith acu leis an chrann ar an chnoc, leis an fheithid san fhéar, leis an Dia sa duine agus an duine i nDia. I ndáiríre, is iad na healaíontóirí teachtairí an tsolais. Tá siad ag tógáil droichid dúinn thar an duibheagán; ag tabhairt cuireadh dúinn dul isteach i saol na samhlaíochta. Tá siad ag rá linn go neartaíonn an ealaín ár gcomhbhá leis an duine agus leis an dúlra agus dá bharr sin go gcuireann sé le leas agus sláinte aigne an phobail.

Sa Ghaeltacht, tá tábhacht ar leith le gné chultúrtha na n-ealaíon. Tá aos ealaíon na Gaeltachta, tchítear domhsa, ag cur saoithiúlacht ár sinsear in oiriúint do shaol ár linne. Tá athghabháil agus athnuachan ar siúl acu. I dtaca leis na dearcealaíontóirí de, cuir i gcás; – dream a bhfuil taispeántas móruchtúil dá saothar á eagrú faoi láthair ag Cló Cheardlann na gCnoc; is léir gur fhág saoirsineacht na gclaíocha cloch lorg ar a gceird; gur fhoghlaim siad ceacht na foighne ó fhear déanta cléibh; gur tuigeadh daofa cad is cruth ann ó leagan amach na gcruach móna. Chuaigh ealaín sháróilte ár gcuid ban, ár gcuid fíodóirí báinín chun fónaimh daofa. Ag an am chéanna níl siad teanntaithe taobh istigh de sheanmhúnlaí agus de sheanstruchtúir a bhfuil súlach na maitheasa súite astu le fada an lá. Tá na healaíontóirí seo ar fad, gach duine acu ina dhóigh féin, ag snaidhmeadh dual den tsean, dual den nua i ngréasán móraigeanta na healaíne. Tá siad ag rá linn ina mbealach Mac Griannach féin – bealach nach bhfuil ceangailte idir dhá cheann na himní – 'bogfaidh mise agus bogfaidh tusa agus bogfaimid le chéile i rince geal na healaíne'.

Tá siad ar fad dearfach faoi áit lárnach na teanga i saol na n-ealaíon Gaeltachta. Glacann siad leis go bhfuil an teangaidh ábalta freastal ar gach cor agus casadh ina n-aigne; go bhfuil sé de bhua aici muid a fhairsingiú seachas muid a chúngú. Níl aon lé acu leis an tseandearcadh dhiúltach úd a déarfadh go raibh an Ghaeilge seanfhaiseanta, teoranta, cúngaigeanta.

Tá aos ealaíon na Gaeltachta, go fiú iad siúd nár de bhunadh na háite iad ar chor ar bith ach a tháinig chugainn le cónaí inár measc, tá siad den tuairim go gcaithfimid ár dtodhchaí a fhí as an Dúchas. Tá a gcuid ealaíne ag tabhairt orainn, bíodh sé sna dearcealaíona nó sa drámaíocht, gan ligean do shnáithe ár scéala a ghabháil in aimhréidh idir Tuirne Mháire agus *Fruit of the Loom*. Tuigtear do na healaíontóirí seo go ndeachaigh Caitlín Ní Uallacháin ar strae áit éigin idir Cath Chionn tSáile agus an *Chinese Take-Away* agus go bhfuil sé de chúram orthu í a aimsiú sa chruth go dtig cor agus casadh úr a chur ina cinniúint. 'Cá bhfios', arsa siadsan d'aon ghuth, 'ná go dtiocfaidh sí inár láthair arís agus gné ar a craiceann míle uair níos taitneamhaí ná éirí maiseach na gréine'.

Cé go bhfuil aos ealaíon na Gaeltachta dílis don Dúchas níl siad ar dhóigh ar bith teanntaithe ag an traidisiún sin. Díograiseoirí dúisithe atá iontu atá i dtólamh ag trasnú teorainneacha úra tuisceana. Má tá muid ag brath ár mbrionglóidí a fhíorú, a deir siad, caithfimid fanacht múscailte. Caithfimid fanacht foscailte. Dá bharr sin, níl siad doicheallach roimh athruithe. Cuid thábhachtach den tsaol is ea breith agus bás. Athnuachan agus athrú! Tuigeann siad gur fearr coiscéim amháin chun tosaigh ná dhá choiscéim chun deiridh. Tuigeann siad go gcaithfimid a bheith saor ó luachanna seargtha agus ó nósanna calctha. Tá a bhfuil le rá ag Hermann Hesse ag teacht lena ndearcadh i leith an chultúir.

> What you call culture is not something finished once and for all, that we inherit and preserve or throw away and destroy. Only so much of our culture remains alive and effective as each generation is able to gain possession of and breathe new life into it.

Tá ealaíontóirí comhaimseartha na Gaeltachta ag cur cor úr i ndán an dúchais.

corra-grithich.

III

Ag Guí Chun na Gealaí

An Garradh Beag

I mo shuí anseo sa gharradh bheag
siar ó thóin an tseantí,
mothaím anáil throm an lustain
ag éirí chugam i ndiaidh na báistí.

Ag éirí chugam go meallacach
agus cuimhním ar na hoícheanta ceana
a chaith muid anseo go suáilceach,
sú na hóige, a chuisle, ag éirí ionainn.

Agus mothaím aríst an mus lusach
a d'éireodh ó do bhaill bheatha
agus muid dlúite le chéile, an garr úd
a thigeadh asat ar bharr amháin creatha.

AN BUACHAILL CAOL DUBH

Dubh, seangálainn, fireann,
a aghaidh chomh gnaíúil sin
ina chló agus ina chruthaíocht
go mbaintear an anáil domh
ag breathnú ar a dhóighiúlacht.

Is nuair a labhrann sé liom
'mo bheannú go croíúil
tig anáil aeir ag cuisliú
as a bhriathra a thógann mé
glan amach asam féin.

Agus sa bhomaite shíoraí seo
sula mbogann sé leis
cuirtear gnáthchúrsa reatha
na beatha ar ceal anois
ionas nach bhfuil aon ghá

le focal ná le fios.

Amour
do Tommy agus Bríd

Nuair a bhím le girseach
atá *obbligato*
ó bímse go hiontach
amaoroso
mo chroí ag bualadh
go *furioso*
is gach ball de mo bhallaibh
ag gabháil *presto animato.*

Is má phógaim í go docht
téim *tremolando*
is má shuíonn sí i m'ucht
legato animato
cuireann sí a bhfuil ionam
pizzicato
is ní bhíonn ar m'intinn
ach *con fuoco furioso*

Ó dá dtiocfadh sí anocht
ag lorg *moto poco*
dhéanfainn *con amore* gan locht
is bheadh ár g*con brio*
ina *crescendo* ar fud an tí
is í ag scairtigh
in ard a cinn
poco prestissimo tutti multo.

Mínte Ciúine na gCeannabhán
do Noeleen Ní Cholla agus do Noel Duggan

Ar mhínte ciúine na gceannabhán
ba ghnách linn siúl, a stór,
an chuach ansiúd ag ceiliúr
is an fhuiseog bhinn sa ghlóir;
an chaorthann ann fá dhuilliúr
is fá chumhracht úr na mbláth
is solas aoibhinn ar Bhinn an Eidhinn
tráthnóna ciúin na gceannabhán

Ar mhínte ciúine na gceannabhán
is cuimhneach liom ár spraoi;
do chogar rúin ar leabaidh fraoigh
faoi sholas ghlé na gealaí,
is b'fhearr liom féin ná flaitheas Dé
'bheith i ndeas do mhian mo chroí
in uaigneas sléibhe faoi lán na ré
ar mhínte ciúine na gceannabhán.

Ar mhínte ciúine na gceannabhán
Uch! Le scaradh oíche is lae
chuir mé céad is míle slán
le mo leannán le bánú an lae;
mo bhuachaill donn ab áille gnaoi
is é ag gabháil thar sáile anonn,
'm'fhágáil fann, gan fonn gan bhrí,
ar mhínte ciúine na gceannabhán.

Ar mhínte ciúine na gceannabhán
is trua gan mé is tú, a rún,
ag déanamh spóirt is uabhair
amuigh ansiúd ag Lios an Dúin;
ag siúl san áit ab aite linn,
do gháire is glórthaí binn' do bhéil

'mo thabhairt ar shiúl ar seachrán
ar mhínte ciúine na gceannabhán.

Casement

Fornocht do chonaic thú
i do chillín fhuar
a Mhic Easmainn
is dá mbeinn ansiúd
an uair úd
choinneoinn teas leat
agus tuilleadh,
a fhir dhocht, a Chú Chulainn.

Deireadh Ré

Chastaí orm iad ar mo shiúlta síos an *Line*
Padaí Mór ó Bharr na Ceathrún
agus Micí Shusie as na *Silvermines*.
Fir inste scéil, an dea-fhocal i gcónaí ar a mbéal
is a gcuid súl chomh séimh le spéir gan néal.
Ach tá siad ar shiúl anois ar shlí na rún
síos an ród úd go ceathrú chúng na gcnámh
agus seo mé á gcronú is mé ag siúl an *Line*,
Padaí Mór ó Bharr na Ceathrún
agus Micí Shusie as na *Silvermines*.

Do Chris Hadfield: Spásaire

Oíche ré ghealaí ar mhalaidh na hEargala,
sa tsoineann séimh i ndiaidh an ghála,
an spéir ina haigéan réaltógach; tchím an Spásárthach!
Spréach ghlé solais ag seoladh os mo chionn go réidh
chomh geal le haingeal, chomh mánla le heala.
Álainn an taispeánadh é, an duine is a dhála
ag trasnú na spéire i long solais an dóchais,
ag déanamh ar bhithchríocha an Iontais.

Is tá tusa ansiúd ar bord, a Chris,
i mbun do chúraimí cosmais
ag fiosrú rúin ár dtuismigh, ár dtús bunaidh
i ndustalach na breithe, in éabhlóid na héigríche.
Mór do ghlóir as a bhfuil tugtha agat chun críche
amuigh ansiúd i gcríocha na ndéithe,
is tusa fear na reann, an fear téagartha i ngach teann,
fear dána na fionnachtana, lomrámhaí na nIomramh.

An fear a théann i mbaol, beag beann
ar ghábh is ar ghéibheann,
óir is tusa, a Chris, Maol Dúin ár linne;
an té a théann ag tóraíocht na fírinne
sna críocha ciana úd a shíneann
idir an saol seo is an tsíoraíocht.
Is, a dhuine na n-árann atá lán de dhaonnacht,
móraim thú ó thalamh as do dhea-ghníomh is d'éacht.

Anocht ó mhalaidh gealaí na hEargala,
sa tsoineann séimh seo i ndiaidh an ghála,
glaoim in ard mo chinn is mo ghutha
go bhfuilim leat, a fhir dhána na n-amhrán,
a reacaire an tsóláis, a thrúbadóir an dóchais;
is tá a fhios agam go dtuigtear duitse, a airdeallaí an
chosmais,

a eagnaí an tsolais, mar a tuigeadh dár bhfile féin,
nach bhfuil áit ar bith ar fud na cruinne
bíodh sé i gcóngar nó i gcéin
nach ann a saolaíodh sinne.

An Chuach

i gcead do K. Uribe

De bhrí go raibh sé suaite i gcaitheamh an gheimhridh – (bhí, is cosúil, an baol ann go rachadh sé glan ar daoraí) – theastaigh uaidh, a dúirt sé, a ord dearfa a chur i bhfeidhm ar an tsaol. Nuair a chuala sé céadghlaoch na cuaiche i mbliana i ndeireadh an Aibreáin, bhí air láithreach an ceol sin a scagadh, a scrúdú, a shoiléiriú. Chaithfí, arsa seisean, an port deoranta sin, an tiúin spéiriúil sin a nodú is a bhreacadh síos i nótaí ceoil, sothuigthe.

Tráthnóna buí Bealtaine is an chuach i mbarr a maitheasa, ag aoibhniú na tíre lena portaíocht rúndiamhrach, shuigh sé amuigh, a ghabhlóg cheoil faoi réir aige, a chluasa ar bior. Bhí sé ar bharr amháin creatha agus é ag inse dúinn gur éirigh leis ceol na cuaiche a cheapadh go cruinn. 'Sí-sol'. Sin na nótaí a chan an chuach. Bhí an ceol tugtha cun solais aige anois, a dúirt sé. Bhí ord curtha aige ar chuid bheag den tsaol aduain, arsa seisean go caithréimeach.

Chuir an t-eolas sin iontas an domhain ar lucht na tíre. Chuir sé ag caibidil iad fá cheol na cuaiche. Bhí a bharúil féin ag gach éinne faoi na nótaí glé a tháinig óna gob. Dúirt duine amháin go raibh sé lánchinnte gur 'Fa-re' a bhí sa scór dhúshlánach a bhí á sheinm aici. Dúirt duine eile go raibh moill éistigh orainn uilig cionn is nár mhothaigh muid gur 'mi-do' a bhí á chanadh aici. Bhí an ceol ina chúis bhruíne eatarthu agus gan éinne ábalta teacht ar chomhréiteach.

Lean an chuach lena cuid ceoil, an ceol a tháinig léi go réidh, an tséis cheoil a tháinig anuas chuici ó chuachaireacht a seacht sinsear agus chan 'mi-do' ná 'fa-re' ná 'sí-sol' a bhí ann ach oiread. Beag beann ar lucht bruíne, beag beann ar fhear buile na gabhlóige, beag beann ar an iomlán dearg againn, go glébhinn, chan an chuach a poirtín feadaíola féin. Cu-cú! Cu-cú! Cu-cú!

Ag Guí Chun na Gealaí

Siúd ag éirí í in iomlán a glóire,
uasal, álainn, ríogúil;
siúd ag éirí í, gealach an tsamhraidh,
as leabaidh gheal na néal
le gabháil i mbun a dualgaisí,
a cúraimí mórthaibhseacha oíche.
Bandia an tSolais! Sorcha Mhór na Glóire!
Siúd í ag tabhairt a haghaidhe
agus lí a háilleachta ar na críocha dorcha.
Agus mar is dual do lucht na hÉigse,
seo mé ar mo ghlúine ag umhlú daoithi.
Lasair na díograise! Laom na tuigse!
Iarraim uirthi anois léas solais
a thabhairt do na daoine uaigneacha
atá ag siúl na hoíche
ag cuartú cuideachta.
Iarraim uirthi sleamhnú faoi rún
isteach i bpríosún; a port binn sóláis
a chanadh i gcampaí géibhinn;
a bheith ina réalt eolais
ag teifigh atá ag éalú thar toinn;
a cuid eochracha óir, na cinn
is fóirsteanaí ina stór
a shíneadh chuig na hoibrithe
atá faoi ghlas agus i sáinn
i dtithe striapach, i bpoill mhianaigh, in allaslainn.
Iarraim uirthi cuairt reatha
a thabhairt ar otharlainn
ag beannú do theacht agus d'imeacht na beatha.
Iarraim uirthi a cogar rúin
a chur i gcluasa na leannán,
á ngríosadh sa dóigh nach mbíonn siad
faoi chuing na cúthaileachta
agus iad ag déanamh cumainn.
Iarraim uirthi méar chaoin

an tsóláis a leagan ar éadan
an té atá breoite i gcolainn
nó atá buartha san intinn.
Iarraim uirthi a bheith ceansa
leis na geilt a théann le gealaí
nuair a tchí siad ansiúd í
in iomlán nocht a glóire.
Iarraim uirthi iad a chur ar shlí
a leasa óir is í a mheallann chuici iad
faoi gheasa diamhra a cumhachta.
Iarraim uirthi, géagálainn na gluaiseachta,
í féin a thaispeáint ar bhlár an áir
in Aleppo, in Baghdad, in San'aa,
agus ní mar bhlaosc lom an bháis
ach mar ghnúis bheo na daonnachta.
Anois agus í i mbarr a réime
ag féachaint anuas orainn go báúil,
iarraim a beannacht agus a coimirce go lá,
ar a bhfuil beo agus ag beathú
ar an domhan bhocht shuaite seo
atá lán de ghleo agus de chrá.
Iarraim a beannacht anocht.
Tá gá againn uilig le gaetha a Grá.

FÁILTE AN AINGIL

Oíche Nollag na mBan
is an domhan faoi shíobadh gaoithe,
mise is mo cheann lán
de smaointe mná baoithe,
tháinig tú chugam i bhfís, a dhíograis.
Phóg tú mé ar mo bhéal,
ar mo bhrollach, i mball mo bhoige.
Ní déarfad níos mó
mar is dual do chailín mhodhúil
i dtús a hóige.
Tá síneadh ar an lá anois
is aimsir na Féile Bríde sa tsiúl againn.
As seo amach beidh bachlóg
ag teacht ar ár ndóchas is an t-aos óg
ag gabháil i gceann cleamhnais agus cumainn.
Na tráthnónta seo, a stór,
agus solas na glóire
ina luí go suairc ar chuar na gcnoc
bím ag dúil leat, a mhian,
bíonn gach ball de mo bhallaibh
ag tnúth leat go dian.
Mar a chuireann fás an earraigh
an sú ag sní i rúta agus i ngas,
borrann tú a bhfuil ionam le háthas.
Lasann tú mo mhianta, a theasghrá.
Bhí mé i dtámhchodladh
go dtí go dtáinig tú chugam i dtaibhreamh,
anois tá tinidh i mo chéadfaí
agus súlach te ag úscadh idir mo chosa.
Idir seo agus Domhnach na Cincíse
tiocfaidh tú chugam go fial,
a lasair gheal na giniúna.
Cé acu an leannán sí thú
nó an t-aingeal Gabriel;
cé acu ó Neamh nó ó thalamh thú,

a fhir na gile agus na finne,
is cuma liom. Domhsa is dia thú
agus fáiltím romhat go humhal.
Go ndéantar do thoil
i gcré mo cholainne.
Tá ré úr á tuar
i bpór do cheathrúna.
I do bhaclainn tiocfaidh mé chun toraidh.
Ginfear Mac na Cruinne
i dtearmann mo bhroinne,
ach ná bíodh sé le rá
sna reachta diaga
nach as teas na fola is na feola
a gineadh an Té atá le teacht.
Bíodh a fhios acu nach aon ionchollú
a bhí i dtuismeadh na Gine
ach gur luigh muid le chéile,
cneas le cneas agus teas le teas,
Dia agus duine ag baint
splancacha solais as a chéile
ar leabaidh an tsóláis.
Rófhada scéal úd na Maighdine
ar gineadh toradh a broinne
go míorúilteach, mar a hinstear dúinn,
gan cumann na colainne is gan smál;
rófhada an scéal sin, is mian liom a rá,
ag déanamh neamhiontais de mhianta mná.

An Bláth a Cuireadh ar Triail

Lenár linn féin
i dtír i bhfad i gcéin
cúisíodh bláth
as sárú na ndeasghnáth.

Bhí a chóiriú rógháifeach
a dúradh, a chlóca buí ómra
mar éirí maiseach na gréine;
a léine chorcra
den tsíoda is míne
ó mhargadh na Síne;
siogairlíní labhandair
ar crochadh leis go talamh.
A leithéid de theacht i láthair!
Agus i dtaca lena bholadh
chumhraigh sé an t-aer
síos agus suas an tsráid
le mus tarraingteach a anála.
Iadsan a bhí ag gabháil thar bráid
sheasódh siad ag baint aoibhnis
as an chumhracht
agus ag déanamh iontais
dá ghalántacht –
mná cuachta i gcochaill dhubha,
éad orthu lena chóiriú ghlé ghleoite;
páistí beaga gealgháireacha
nár múnlaíodh fós sna deasghnátha dúra;
corrfhear dána –

Ach chinn na hÚdaráis
gur gránna an mhaise dó
a ghileacht cheanndána.
Bhí an Bláth seo, gan aon agó,
ag tabhairt scannail
lena chóiriú mhígheanasach

is ag cothú baothsmaointe
i gceann an phobail
lena chanúint chumhra
is le mus líofa a bhriathra.

I dtír a chleacht
tíorántacht dhúr na cráifeachta
cúis dhaortha
a bhí i ngile spraíúil an bhlátha.
Ciontaíodh é as a bheith
ag tabhairt easurrraime
do na Reachta Diaga
agus ag cothú ceilge agus ceannairce
in aghaidh údarás an Stáit.
Cuireadh faoi ghlas é
sa dorchadas, in áit
a saothróidh sé an bás
go léanmhar gan solas.

Lenár linn féin
i dtír i bhfad i gcéin
tá bláth ag lobhadh
i ndún bréan
ach fós féin tá a chumhracht
níos treise ná cumhacht na dtréan.

ORPHEUS NA GCNOC

Ag seinm ó dhubh go dubh
ag seinm le lúth na méar
ag seinm sa chruth gur léir na nótaí
ag éirí san aer ina bhféileacán aoibhnis
ag seinm an tiúin is deise a cluineadh ariamh i bpoll cluaise
ag seinm chomh meidhreach leis na meannáin ar bharr na
    Mucaise
ag seinm i dtearmann na hailse
ag seinm ar shráid na hainnise
ag seinm ríleanna rúnda rúndiamhracha
ag seinm *mazurkas* maorga maiseacha
ag seinm máirseáil atá chomh garbh le Tarbh Mhín a'
    Toiteáin
ag seinm sleamhnáin atá chomh caoin le tóin naíonáin
ag seinm fiáin
ag seinm i bpian
ag seinm le cian a thógáil den té a bhfuil an saol ag titim
    air go dian
ag seinm don *Yank* atá ag tógáil *hacienda* ceann tuí ar
    mhéilte Cheann Dubhrann
ag seinm do lucht *stilettos* agus *stetsons* in óstán mór i
    bPort an Dúnáin
ag seinm don Bhuachaill Chaol Dubh ar an bhóthar go
    Lios na Sciath
ag seinm do Thadhg an Dá Thaobh i bpub aerach i mBaile
    Átha Cliath
ag seinm ar Shliabh Uí Fhloinn
ag seinm don leanbh atá fós i mbroinn
ag seinm le Johnny Doherty ar thaobh malaidh shléibhe
    sna Cruacha fadó
ag seinm is an ceo ag teacht anuas ar shléibhte Mhaigh Eo
ag seinm faoi dhuilliúr na gcrann agus drúcht ar an fhéar
ag seinm leis na *Mooneys* ó d'éirigh an ghealach aréir
ag seinm don ghirseach úd i ngúna dearg teann is a búclaí
    buí den ór

ag seinm duitse, a chuid bheag den tsaol is a stór,
ag seinm mar go dtig an ceol leat mar mhil ar luachair
    agus mar im ar uachtar
ag seinm le fonn ar Chonlach Ghlas an Fhómhair
ag seinm *The Old Torn Petticoat That I Bought in Mullingar*
ag seinm i bhfad agus i ngar
ag seinm ar iatha allta na hAchla
ag seinm as a bhaill bheatha
ag seinm agus niamh gach datha á thionlacan thar bhánta
    na Bealtaine
ag seinm agus na crainn ag umhlú a gcinn dó ar bhruach
    na Finne
ag seinm do phócaí folamh'
ag seinm ó Neamh go talamh
ag seinm sa bhearna bhaoil
ag seinm idir an dá shaol
ag seinm olagón na gcorpán ar bhlár an áir
ag seinm lena leannán a thabhairt arís as an duibheagán
ag seinm do na mairbh, ag seinm do na beo
ag seinm go dtitfidh sé as a sheasamh sa ghleo

Cogar Rúin

Cé go bhfuil an Briathar soiléir
fanann an saol is a bhfuil ann doiléir.

1

Tá a chloigeann lán
de ghlaise na gcraobh
is de dhuibhe na cré
ionas nach mbíonn a fhios aige,
a deir sé, cé acu an crann é
nó bóín Dé.

2

Chan sé amhrán mór
na cruthaitheachta
gach siolla ag sní
as scamhóg a shamhlaíochta,
gach nóta ina réalt,
gach focal ina phláinéad.

3

Tá banríon an uaignis
ina luí ar a leabaidh suain
i gclúid an tsuaimhnis.
Agus an ghrian ag gabháil faoi
clúdaíonn sí í féin
i gcuilt dhearg an chlapsholais
agus éisteann le suantraí
ó éan éigin i gcéin.

4

Os ard
tá an spéir balbh
laethanta liatha seo
an éadóchais
ach ar an talamh
tá cuibhreann beag amháin
ag canadh go hard
amhrán glas a dhóchais.

5

Mo shearc na gcaorán,
mo chroí na haiteannaí,
mo leannán na gceannabhán,
mo stór an tsrutháin, mo chuisle fraoigh,
nuair a thitfidh an oíche tosóidh an spraoi.

6

Tá saol an tsuaimhnis
ag gabháil as.
Las an solas
is coinnigh an dorchadas
ón doras.

7

I dtús an tsamhraidh
tharraing sé
cuirtíní buí na haiteannaí
ar fhuinneog an tsaoil
is dhún sé
doras gorm na spéire
ar theach na beatha
is d'imigh sé gan mhothú
síos isteach sa tSíoraíocht.

8

Bhí sí lánsásta
seasamh go meallacach
i bhfuinneog an tí
is solas grástúil
a haoibhe is a háilleachta
a dháileadh ar chách.
B'ise, a dúirt sí,
lampa dearg tarraingteach
an Chroí Ró-Naofa.

I nGleann na nÉan, Agadair, Morocco

Tá crainn i mo thimpeall nach n-aithním
ach braithim gur cairde dlútha atá iontu
agus iad ag tiontú teanga an tsolais go deas

ina dhán úr ghlas. Is an t-éan bánbhuí seo
atá ag canadh ar ghob bhog na gcraobh,
cé nach bhfuil a ainm agam ná a shloinneadh,

braithim go bhfuil mé i dtiúin lena racht aoibhnis;
agus na páistí beaga seo ag déanamh gleo
sa chlós súgartha, tá mé chomh suáilceach leo.

Agus dá bhféadfainn é, bheinn beo i gcónaí
sa bhomaite reatha, ag mothú an tsaoil le húire
na soineantachta ar nós na gcrann is na n-éan is na bpáistí.

Ach anois is ábhar gairdis agus suaimhnis domh
na tíolacthaí seo ar fad atáthar a bhronnadh orm
sa gharradh gréine seo maidin samhraidh i gcéin.

Is i láthair an tsolais seo tá gach ball de mo bhallaibh
ag déanamh aoibhnis, gach géag agus féith faoi bhláth.
Dá dtiocfadh siorradh gaoithe anois shéidfí a bhfuil ionam

ina chumhracht!

Adhradh na nDúl

Níl d'adhradh a dhíth
ach a bheith lúcháireach
i láthair an tSolais seo
a spréann a thíolacthaí
anseo i measc na mbeo.

Níl d'adhradh a dhíth
ach na blátha seo a mhóradh,
a gcumhracht a cheiliúradh,
ligean do naomhluan a ngile
an croí a shoilsiú.

Níl d'adhradh a dhíth
ach seasamh ag an gheafta seo
agus glacadh go buíoch
le naomhshacraimint na gealaí
agus le beannachtaí na gaoithe.

Rún Buíochais

Ba mhaith liom mo bhuíochas a chur in iúl d'Ealaín na Gaeltachta as sparántacht a bhronnadh orm agus mé i mbun an tsaothair seo. Is mór agam a dtacaíocht agus a gcuidiú.

Ba mhaith liom buíochas a ghabháil le mo sheanchara, an Dr Seosamh Mac Muirí, as clóscríobh agus eagarthóireacht a dhéanamh ar an chnuasach seo. Le blianta beaga anuas tá obair leanúnach á déanamh aige ar mo chuid lámhscríbhinní, á n-ullmhú agus á gcur in eagar do na foilsitheoirí éagsúla a mbím ag déileáil leo. Is le mo leas i gcónaí, dar liom, a chomhairle ghéarchúiseach i gcúrsaí teanga.

Mo bhuíochas le hÚna Campbell agus An Gailearaí as coimisiúnú a dhéanamh ar shraith dánta le haghaidh an taispeántais, 'Teanga na gCorr' a thionscnaigh sí sa Ghailearaí le linn Fhéile an Eargail, 2017. Mo bhuíochas fosta le Lorcán Ó Tuathail as *Corr Scéal/Crane Notions* (Letterkenny, Careful Publications, 2016), an mórthráchtas a scríobh sé faoi shaíocht na gcorr agus a spreag mé le tabhairt faoi na dánta seo.

Ar na leabhair is déanaí uaidh tá *Aimsir Ársa* (Arlen House, 2013), bronnadh duais an Oireachtais ar an tsaothar seo; *An Fear Glas : The Green Man* (Arlen House, 2015); *An Bhé Ghlas* (Leabhar Breac, 2016) ar bronnadh duais an Oireachtais air fosta; *Lugh na Bua : The Deliverer* (The Onslaught Press, Oxford, 2017); *Teach an Gheafta*, úrscéal (Leabhar Breac, 2018); *The View from the Glen*, aistí i mBéarla (The Onslaught Press, Oxford, 2018). Foilseoidh The Irish Pages Press *Crann na Teanga : The Language Tree*, mórchnuasach dá chuid filíochta aistrithe go Béarla ag Paddy Bushe i Samhain, 2018.

Bhuaigh sé *The Irish Times Literature Award* in 2000 agus bronnadh *The Ireland Fund Literary Award* air in 2007 as feabhas a shaothair i nGaeilge. Roghnaíodh *By the Hearth in Mín a' Leá* (Arc Publications, 2005) mar *Poetry Book Society Recommended Translation* sa Bhreatain in 2006. Is é eagarthóir Gaeilge *Irish Pages* é. Tá cónaí air i Mín a' Leá faoi scáth na hEargala i dTír Chonaill. Tá sé ina bhall d'Aosdána.